W. Wesiack (Hrsg.)

Entwicklungstendenzen in der Psychosomatischen Medizin

(eine Ringvorlesung)

Springer-Verlag
Berlin Heidelberg New York
London Paris Tokyo

Prof. Dr. med. Wolfgang Wesiack
Institut für Medizinische Psychologie
und Psychotherapie
A. ö. Landeskrankenhaus Univ.-Kliniken
Sonnenburgstraße 16
A-6020 Innsbruck

ISBN-13:978-3-540-18992-3 e-ISBN-13:978-3-642-73449-6
DOI: 10.1007/978-3-642-73449-6

CIP-Titelaufnahme der Deutschen Bibliothek

Entwicklungstendenzen in der psychosomatischen Medizin :
(e. Ringvorlesung) ; [Professor Doktor Thure von Uexküll zu seinem 80. Geburtstag] / W. Wesiack (Hrsg.). – Berlin ; Heidelberg ; New York ; London ; Paris ; Tokyo : Springer, 1988
ISBN-13:978-3-540-18992-3

NE: Wesiack, Wolfgang [Hrsg.]; Uexküll, Thure von: Festschrift

2127/3140/543210

Die Autoren widmen dieses Buch

Herrn Professor Doktor Thure von Uexkull

zu seinem 80. Geburtstag

Vorwort

Im Sommersemester 1987 fand in Innsbruck eine Ringvorlesung zum Thema „Entwicklungstendenzen in der psychosomatischen Medizin" statt. Die Vortragenden hatten sich innerhalb der Medizinischen Fakultät der Universität Innsbruck zu einer Arbeitsgemeinschaft für ärztliche Psychotherapie und psychosomatische Medizin zusammengefunden mit dem Ziel, Medizinstudenten und Ärzten jenes Wissen und Können aus dem Bereich der psychosomatischen Medizin zu vermitteln, das sie in ihrer täglichen Arbeit benötigen.

Die Ringvorlesung stellt eine erste Einführung dar, die dazu anregen soll, sich eingehender mit einzelnen Themenkreisen zu beschäftigen. Da die Vortragenden aus verschiedenen Institutionen kommen und sich mehr oder weniger stark unterschiedlichen therapeutischen Richtungen verpflichtet fühlen, sind sie in der Lage, dem Leser verschiedene Zugangswege zur psychosomatischen Medizin aufzuzeigen. Der dadurch bedingte Verlust an Einheitlichkeit wird jedoch unseres Erachtens durch das Bestreben kompensiert, einen kleinen Schritt in Richtung auf eine schulübergreifende integrative psychosomatische Medizin getan zu haben, der, soweit man das heute voraussagen kann, die Zukunft gehören dürfte.

W. Wesiack

Inhaltsverzeichnis

Autorenverzeichnis

BIEBL, W., Doz. OA. Dr. med.
Univ.-Klinik f. Psychiatrie, Innsbruck; Leiter der Psychosomatischen Station.
Anichstraße 35, A-6020 Innsbruck

CROMBACH, G., Dr. med.
Facharzt f. Psychiatrie und Neurologie,
Müllerstraße 3, A-6020 Innsbruck

HALHUBER, M., Prof. Dr. med.
a.o. Prof. d. Mediz. Fakultät der Univ. Innsbruck, ehemals ärztl. Leiter der Klinik Höhenried bei München, jetzt An der Gontardslust 17, D-5920 Bad Berleburg

HINTERHUBER, H., Prof. Dr. med.
Vorstand der Univ.-Klinik f. Psychiatrie, Anichstraße 35, A-6020 Innsbruck

KINZL, J., OA, Dr. med.
Univ.-Klinik f. Psychiatrie, Psychosomatische Station,
Anichstraße 35, A-6020 Innsbruck

LOEWIT, K., Prof. Dr. med.
Institut f. Medizinische Biologie und Genetik, Leiter der Abt. Sexualmedizin,
Schöpfstraße 41, A-6020 Innsbruck

MANGOLD, B., Doz. OA, Dr. med.
Leiter der Psychotherapeutischen Ambulanz der Univ.-Klinik f. Kinderheilkunde,
Anichstraße 35, A-6020 Innsbruck

PROKOP, H., Prof. Dr. med.
Leiter der Abt. Forensische Psychiatrie der Univ.-Klinik f. Psychiatrie,
Karl-Schönherr-Straße 3, A-6020 Innsbruck

SMREKAR, U., Dr. phil.
Psychotherapeutische Ambulanz der Univ.-Klinik f. Kinderheilkunde,
Anichstraße 35, A-6020 Innsbruck

WESIACK, W., Prof. Dr. med.
Vorstand des Institutes für Medizinische Psychologie und Psychotherapie, Sonnenburgstraße 16, A-6020 Innsbruck

WURM, B., Dr. med.
Assistenzärztin am Institut für Mediz. Psychologie und Psychotherapie, Sonnenburgstraße 16, A-6020 Innsbruck

Psychosomatische Medizin gestern und heute – eine Einführung

W. Wesiack

Der Ausdruck „psychosomatisch" ist mehrdeutig. Er wurde erstmals, wie Margetts (1954) mitteilt, 1818 von J.C. Heinroth gebraucht, und 1822 benützte K.W.M. Jacobi den Ausdruck „somatopsychisch". Ottomar Rosenbach (Berl. Klin. XXV) sprach 1902 vom „psychosomatischen Betrieb". Im neueren Schrifttum wurde die Bezeichnung „psychosomatische Medizin" erstmals 1922 von Felix Deutsch verwendet und hat sich dann durch die Arbeiten von Flanders Dunbar (1954, F. Alexander (1948, 1951), T.M. French (1948) u.a. in Amerika und nach 1945 durch V. von Weizsäcker, A. Mitscherlich und die Heidelberger Schule rasch verbreitet. Heute ist dieser Terminus aus der medizinischen Literatur nicht mehr wegzudenken. Man muß aber leider feststellen, daß er inzwischen zu einem Modewort geworden ist, bereits Eingang in den allgemeinen Sprachgebrauch gefunden hat und von vielen gerade dann verwendet wird, wenn klares und kritisches Denken aufhört. Dies ist natürlich einer wissenschaftlich begründeten Heilkunde nicht dienlich.

Die Mehrdeutigkeit des Ausdruckes „psychosomatisch" möchte ich nachfolgend durch zwei Definitionen belegen. So schreiben beispielsweise F. C. Redlich und D. X. Freedman: „Der Begriff ‚psychosomatisch' hat viele, vielleicht allzuviele Bedeutungen. Psychosomatische Krankheiten lassen sich in etwa definieren als eine Gruppe von somatischen Krankheiten unbekannter Ätiologie, bei denen psychische Faktoren eine mehr oder weniger erhebliche Rolle spielen, jedenfalls eine größere Rolle als bei anderen Körperkrankheiten."

Dieser vorsichtigen Umschreibung, die ausdrücklich von „unbekannter Ätiologie" und etwas unverbindlich von *psychischen Faktoren* spricht, die „eine mehr oder weniger erhebliche Rolle spielen" und die deshalb von sehr vielen, vielleicht sogar von den meisten Ärzten akzeptiert werden kann, wollen wir nun eine andere Definition gegenüberstellen, die wir F. G. Alexander und S. T. Selesnick (1969) entnehmen. Sie lautet: „Alle solche Prozesse, in denen die ersten Glieder einer Kette von Ereignissen *subjektiv* als Emotionen wahrgenommen und die nachfolgenden Glieder *objektiv* als Veränderungen der Körperfunktionen beobachtet werden, nennt man psychosomatische Phänomene". Hier ist also bereits von einer „Kette von Ereignissen" also von einer Reihenfolge die Rede, deren erste Glieder „subjektiv als Emotionen" und die nachfolgenden „objektiv als Veränderungen der Körperfunktionen" wahrgenommen werden können. Obwohl in dieser Definition nicht ausdrücklich von einer Psychogenie, also einer seelischen Bewirkung körperlicher Phänomene die Rede ist, so legt hier doch die zeitliche Sukzession eine Kausalverbindung im Sinne eines „post hoc ergo propter hoc" nahe. Diese supponierte Kausalverbindung im Sinne einer Psychogenie wird aber bereits bei vielen positivistisch und mechanistisch erzogenen Ärzten auf skeptische Reserve stoßen.

Hier kann nicht unerwähnt bleiben, daß die systematische Erforschung jener „ersten Glieder einer Kette von Ereignissen", die „subjektiv als Emotionen wahrgenommen" werden, erst durch *Freuds Psychoanalyse* möglich wurde. Aus diesem Grunde ist Freud, obwohl er selbst körperlich Kranke nicht behandelt hat und den Bestrebungen seiner psychosomatisch tätigen Schüler eher zurückhaltend gegenüberstand, der eigentliche Begründer der psychosomatischen Medizin.

Am 8. Januar 1913 hat Paul Federn erstmals in S. Freuds „Mittwochsgesellschaft", bei der sich die ersten Psychoanalytiker regelmäßig trafen, über die psychoanalytische Behandlung eines Asthmakranken berichtet. Es gibt gute Gründe, dieses Datum als Geburtsstunde der modernen psychosomatischen Medizin zu bezeichnen.

Freuds ambivalente Haltung der sich entwickelnden psychosomatischen Medizin gegenüber läßt sich gut durch seinen Brief vom 16. 10. 1932 belegen, in dem er sich bei Viktor von Weizsäcker für die Zusendung dessen Manuskriptes „Körpergeschehen und Neurose" bedankt. Dort heißt es: ... „Die Aufklärung der Funktionsstörung, hier der Miktion durch die den Harnorganen auferlegte Erotisierung, deckt sich vollkommen mit der analytischen Theorie, die ich einmal in der banalen Gleichstellung zu erläutern versucht habe, es sei so, als ob der Herr des Hauses ein Liebesverhältnis mit der Köchin angesponnen habe, gewiß nicht zum Vorteil der Küche. Sie zeigen uns dann den feineren Mechanismus der Störung auf, indem Sie auf entgegengesetzte Innervationen hinweisen, die einander aufheben oder beirren müssen. Von solchen Untersuchungen mußte ich die Analytiker aus erziehlichen Gründen fernhalten, denn Innervationen, Gefäßerweiterung, Nervenbahnen wären zu gefährliche Versuchungen für sie gewesen, sie hatten zu lernen, sich auf psychologische Denkweise zu beschränken. Dem Internisten können wir für die Erweiterung unserer Einsicht dankbar sein ...".

Die Behandlungstechnik der Psychoanalyse und vor allem die von ihr abgeleitete Möglichkeit einer guten diagnostisch-therapeutischen Gesprächsführung, die Lehre von der Konversion, von Übertragung und Widerstand und vieles mehr sind zu festen Bestandteilen der Theorie und Praxis der psychosomatischen Medizin geworden. Auch wenn man die Meinung mancher Psychoanalytiker, die psychosomatische Medizin sei nichts als angewandte Psychoanalyse, nicht teilt, so bleibt doch unbestritten, daß die Psychoanalyse eine tragende Säule, eine *Grundlagenwissenschaft* der psychosomatischen Medizin ist. Ihre Ergebnisse machen es ferner unabweisbar, daß Wünsche, Stimmungen und Affekte auch im körperlichen Bereich sehr vieles bewirken.

In diesem Zusammenhang mag es nicht uninteressant sein, einen kurzen Blick auf die *Entstehungsgeschichte* des Begriffes „psychosomatisch" zu werfen. Margetts berichtet, daß dieser Terminus erstmals 1818 von Heinroth in die medizinische Literatur eingeführt wurde und daß 1822 Jacobi den Ausdruck „somatopsychisch" prägte. Damals aber standen sich in der deutschen Psychiatrie die Lager der sog. Psychiker und der Somatiker in unversöhnlichem Gegensatz gegenüber. Während die ersteren, zu denen auch Heinroth gehörte, eine idealistisch-spiritualistische Krankheitslehre vertraten, waren die letzteren, unter Einschluß von Jacobi, ausgesprochen materialistische Organiker. Wir sehen also, daß der Terminus „psychosomatisch" und umgekehrt natürlich auch „somatopsychisch" begriffshistorisch gesehen bereits mit einer philosophisch-anthropologischen Hypothek und einer ätiologischen Präjudizierung belastet wurde, von der er auch heute noch nicht ganz befreit ist.

Die pilosophisch-anthropologische Belastung des Begriffes „psychosomatisch", die natürlich seine Verwendung erschwert und oft Verwirrung stiftet, läßt sich aber nicht nur bis in die Zeit der Romantik, sondern viel weiter bis zu den Anfängen der abendländischen Geschichte zurückverfolgen. Die Termini Psyche (= Seele) und Soma (= Körper) aus denen der Begriff „psychosomatisch" zusammengesetzt ist, sind Bezeichnungen, die wir aus der griechischen Antike übernommen haben. Die Inhalte dieser Bezeichnungen sind natürlich alles andere als unproblematisch und haben sich im Laufe der Jahrhunderte auch gewandelt. Der Körperbegriff ist dabei allerdings weniger problematisch als der der Seele, denn er hat sich wohl seit der Antike in bezug auf unser Detailwissen gewandelt und erweitert – so hatten z. B. die hippokratischen Ärzte einen anderen Körperbegriff als etwa die Mediziner von heute –, unverändert geblieben ist jedoch die Tatsache, daß der Körper räumlich ausgedehnt, sinnlich wahrnehmbar und daher auch meßbar ist. Diese Eigenschaften, die man der Psyche, was immer man darunter im einzelnen auch verstanden haben mag, nicht zugestehen konnte, ermöglichten es jedoch, über den Körperbegriff, dem jeweiligen Wissensstand entsprechend, relativ leicht zu einer Übereinstimmung zu kommen.

Anders verhielt es sich mit der „Psyche". Dieser Begriff war mangels räumlicher und meßbarer Eigenschaften zu allen Zeiten in hohem Maße *spekulativ* und von jeweils herrschenden philosophischen und theologischen Positionen her bestimmt. Der Arzt, Naturforscher oder Psychologe von heute wird die Bezeichnung „Psyche" deshalb nur ungern substantivisch im Sinne einer Sachvorstellung benützen, sondern wird lediglich bereit sein, die subjektiven Wahrnehmungen der Vorstellungen, Stimmungen und Affekte adjektivisch als „psychisch" zu kennzeichnen. Diese wissenschaftliche Zurückhaltung und Skepsis des modernen Forschers kann aber die jahrtausendealte philosophische und theologische Hypothek, die auf diesem Begriff lastet, nur schwer ganz eliminieren. Platons Ideenlehre, der christliche Seelenbegriff und schließlich Descartes' scharfe Zweiteilung des Menschen in eine unräumliche res cogitans und in eine körperlich-räumliche res extensa schimmern auch heute noch aus geschichtlicher Vergangenheit zu uns herüber, wenn wir scheinbar wissenschaftlich nüchtern die psychischen Funktionen des Menschen untersuchen.

Dieser jahrhundertealte Dualismus zwischen Psyche und Soma, unsterblicher Seele und sterblichem Körper, zwischen res cogitans und res extensa bzw. zwischen Idee und Materie war es auch, der uns das *ungelöste Leib-Seele-Problem* bescherte, denn erst wenn wir den lebenden konkreten Menschen künstlich in eine Psyche und ein Soma zerlegen, wird das Zusammenwirken dieser beiden künstlich getrennten „Substanzen" zu einem (unlösbaren) Problem.

Hier kommen wir also zu einer weiteren Bedeutung des Begriffes „psychosomatisch", der das Zusammenwirken dieser beiden, wie immer im einzelnen auch aufgefaßten Wesenheiten „Psyche" und „Soma" im Sinn hat. Diese Bedeutung hat z. B. Alexander (1951) im Auge, wenn er schreibt: „Der Ausdruck ‚Psychosomatik' sollte nur benützt werden, um eine *Methode des Vorgehens* in Forschung wie in Praxis zu kennzeichnen, eine Methode nämlich, die sich auf die gleichzeitige und koordinierte Verwertung von somatischen – d. h. physiologischen, anatomischen, pharmakologischen, chirurgischen und diätetischen – Methoden und Vorstellungen auf der einen Seite und psychologischen Methoden und Vorstellungen auf der anderen Seite stützt". Und er schreibt dann weiter, daß man besonderen Wert auf den Ausdruck „koordinierte Verwertung" legen müsse, mit dem gesagt sein soll, „daß die beiden Methoden innerhalb des Begriffsgebäudes der kausalen Abläufe angewendet werden sollen". Alexander, der zwar keinen ontologischen Dualismus vertritt, diesen sogar ausdrücklich ablehnt – für ihn sind die psychischen Phänomene „die subjektiven Spiegelungen (Reflexionen) physiologischer Prozesse" – ist hier ein methodischer Dualist. Psychosomatik ist für ihn die „koordinierte Verwertung" somatischer und psychologischer Forschungsmethoden.

Eine weitere Bedeutung des Begriffes „psychosomatisch" ist die der psychophysischen Totalität des Menschen. Psychosomatische Medizin, so verstanden, wäre also gleichbedeutend mit *Medizin des ganzen Menschen.* Hier muß allerdings angemerkt werden, daß jegliche Wissenschaft immer methodenabhängig und daher zwangsläufig ausschnitthaft ist und daß es deshalb eine Wissenschaft vom Ganzen, also auch vom ganzen Menschen, grundsätzlich nicht geben kann. Es ist daher sicherlich nicht zufällig, daß der Terminus „Ganzheitsmedizin" immer einen romantischen, spekulativen oder aber sektiererischen Beiklang hat. Aber auch wenn wir wissen, daß wir eine idealisierend romantische Ganzheitsmedizin nie werden verwirklichen können, so braucht uns das keineswegs zu hindern, uns um eine umfassende Medizin zu bemühen. Im amerikanischen Schrifttum spricht man von *"comprehensive medicine"* und versteht darunter eine Medizin, die genetische, konstitutionelle, anatomische, physiologische, chemische, bakterielle, psychologische, soziale, kulturelle usw. Gesichtspunkte gemeinsam umfaßt. Thure von Uexküll (1986) nennt diese umfassende psychosomatische Medizin *integrative Psychosomatik,* weil ihr Kennzeichen die sinnvolle Integration der verschiedenen Forschungsmethoden ist. Ich selbst habe an anderer Stelle von *plureperspektiver Komplementärmedizin* gesprochen, weil sich die einzelnen Perspektiven unseres Zuganges zum kranken Menschen komplementär ergänzen müssen.

Eng verwandt, wenn auch nicht deckungsgleich mit dieser umfassenden integrativen Psychosomatik ist – nach der sog. Einführung des Subjektes, also der Person des Patienten in die Medizin, was vor allem das Verdienst Viktor von Weizsäckers war – auch jene Richtung, die Balint und andere eine *patientenzentrierte Medizin* nannten. Hier wird der einzelne Patient mit seinen Bedürfnissen, Hoffnungen und Ängsten in den Mittelpunkt der Betrachtung gerückt. Der Kranke und nicht so sehr seine Krankheit, die ja immer ein wissenschaftliches Konstrukt ist, sind hier Ausgangs- und Zielpunkt aller ärztlichen Bemühungen. Vertreter der psychosomatischen Medizin unternehmen gegenwärtig große Anstrengungen dieser patientenzentrierten Medizin in der hochgradig technisierten, nahezu total verwalteten und dem Druck der großen Zahl unterworfenen medizinischen Welt der Gegenwart einen Lebensraum zu schaffen.

Die psychosomatische Medizin ist aber nicht nur auf das einzelne Individuum bezogen, sondern umfaßt auch dessen Zusammenspiel mit den anderen Individuen. Sie ist also gleichzeitig gruppen- und gesellschaftsbezogen. Obwohl der Gesichtspunkt, daß der Mensch ein soziales Wesen ist, das nicht isoliert betrachtet werden darf, sehr alt ist und sich bis zu Aristoteles zurückverfolgen läßt, ist diese Betrachtungsweise doch in einer rein naturwissenschaftlich orientierten Medizin weitgehend in Vergessenheit geraten. In der psychosomatischen Medizin werden nun aber nicht nur die individualpsychischen, sondern ebenso die psychosozialen Aspekte in den Mittelpunkt der Betrachtung gerückt. Enge Beziehungen bestehen daher zur Soziologie und Sozialpsychologie. Halliday hat deshalb bereits 1948 die psychosomatische Medizin zu einer *psychosozialen Medizin* zu erweitern gesucht. Obwohl sich inzwischen die medizinische Soziologie zu einem eigenen Fachgebiet ausgewachsen hat, bleiben doch die psychosozialen Beziehungen, d. h. die Interaktion zwischen dem Kranken und seinen wichtigsten Beziehungspersonen (wie z. B. Eltern, Geschwistern, Liebespartnern, Konkurrenten usw.), wie auch die Abhängigkeit des gesamten Krankheits- und Heilungsgeschehens von gesellschaftlichen Bedingungen ein integrierender Bestandteil der psychosomatischen Medizin.

Wir haben also gesehen, ohne dabei auf Vollständigkeit Anspruch zu erheben, daß der Begriff „psychosomatisch" bzw. „psychosomatische Medizin" viele Bedeutungen hat und weite Gebiete umfaßt. Er reicht von einer vorsichtigen und etwas unverbindlichen Betonung psychischer Faktoren über die Frage des Zusammenwirkens und der Wechselwirkung psychischer und somatischer Faktorenreihen zu einer patientenzentrierten, psychosozialen und integrierten Medizin. Dies alles aber führt nicht nur zu einer Erweiterung der bisherigen medizinischen Theorie, die zu den bereits bekannten somatischen Konzepten psychische und psychosoziale additiv hinzufügt, sondern zwangsläufig auch zu einer Neubesinnung und Neuschöpfung der *medizinischen Theorie und Anthropologie*. Dieser Prozeß der Neubesinnung und Neuschöpfung ist gegenwärtig noch in vollem Gange und noch lange nicht abgeschlossen. Ein Wegbereiter dieser neuen medizinischen Theorie und Anthropologie, Viktor von Weizsäcker, aber hat die Bedeutung der Psychosomatik in diesem Prozeß frühzeitig erkannt und schrieb deshalb schon vor Jahrzehnten: „Die ältere Psychophysik und die neuere Psychosomatik sind nur die Veranlassung zu einer allgemeinen Lehre von kranken Menschen." Darüber hinaus aber führen uns diese Bemühungen um eine neue medizinische Theorie und Anthropologie direkt in den Problemkreis ganz allgemeiner wissenschaftstheoretischer und philosophischer Fragestellungen, denn wer sich eingehend mit dem kranken Menschen beschäftigt, der wird zwangsläufig mit den uralten philosophischen Grundfragen, wie zum Beispiel „was können wir erkennen?", „was ist der Mensch?" und „was sollen wir tun?", konfrontiert.

Die psychosomatischen Bemühungen der Gegenwart führen aber nicht nur zu einer theoretischen Neubesinnung der Medizin, sondern auch zu erheblichen therapeutischen und gesundheitspolitischen Konsequenzen. Wer es mit einer patientenzentrierten, psychosozialen und integrierten Medizin ernst nimmt, der kann den Patienten nicht mehr als vom Untersucher völlig unabhängiges Objekt beobachten und behandeln (= manipulieren), sondern tritt zwangsläufig in einen dialogischen Interaktionsprozeß mit ihm ein. Methoden der Einzel- und Gruppenpsychotherapie gewinnen entscheidendes Gewicht. Ihre breite Anwendung aber erfordert eine Änderung des gesamten gesundheitspolitischen Systems, das bisher fast nur auf die naturwissenschaftlich-technische Medizin zugeschnitten ist.

Eine weitere Konsequenz der psychosomatischen Medizin sei kurz angedeutet. Jahrzehntelang schien es so, als stelle die moderne naturwissenschaftlich-technische Medizin einen Bruch mit der gesamten jahrtausendealten Tradition der Heilkunde dar. Eine technisch perfekte Computermedizin, die des Arztes eigentlich gar nicht mehr bedarf, erschien am Horizont und hat für manche Zeitgenossen auch heute noch faszinierende Aspekte. Der Arzt der Vergangenheit sollte nach diesen Vorstellungen ganz durch den Fachspezialisten und Techniker ersetzt werden. Dieses Trugbild einer vollautomatisierten und volltechnisierten Medizin, die alle subjektiven Elemente bei Arzt und Patient eliminiert, ist durch die Ergebnisse der psychosomatischen Forschung gründlich zerstört worden, denn mit der Persönlichkeit und Subjektivität des Patienten ist auch die *Bedeutung der Persönlichkeit und Subjektivität des Arztes* wieder in das Blickfeld des wissenschaftlichen Interesses gerückt. Von der modernen psychosomatischen Medizin wird aber die Bedeutung der Persönlichkeit und des individuellen Verhaltens des Arztes nicht aus nostalgischer Sehnsucht nach dem guten alten Hausarzt so betont, sondern aufgrund von neuen Erkenntnissen über den Interaktionsprozeß zwischen Patient und Arzt, auf den wir noch ausführlicher zurückkommen werden. Es ist daher die feste Überzeugung des Autors, daß der Arzt für Allgemeinmedizin, um den gegenwärtig auf den verschiedensten Ebenen gerungen und dessen Existenzberechtigung immer wieder in Frage gestellt wird, nur als Psychosomatiker auf die Dauer eine Daseinsberechtigung und Überlebenschance in der modernen medizinischen Welt haben wird.

Diese Wendung zum Subjekt des Patienten und des Arztes hat aber zur Folge, daß die psychosomatische Medizin wieder *Anschluß* gewonnen hat an *jahrtausendealte Traditionen* heilkundlichen Denkens und Handelns. Deshalb konnten Weis u. Englisch ihr Buch über psychosomatische Medizin, das erstmals 1943 erschienen ist, mit dem Satz beginnen lassen „Psychosomatisch ist ein relativ neuer Name für einen Zugang zur Medizin, der so alt ist wie die Heilkunde selbst."

Es erscheint zweckmäßig, die Begriffe „psychosomatisch Kranker", „psychosomatische Krankheit" und „psychosomatische Medizin" auseinanderzuhalten. Da wir an jedem Kranken psychische und somatische Befunde erheben können, ist, so gesehen, jeder Patient, auch dann, wenn er an einer „reinen" Neurose oder aber an einer primär organischen Krankheit leidet, ein *psychomatisch Kranker*. Anders verhält es sich mit den *psychomatischen Krankheiten*. Wir verstehen darunter Krankheiten mit körperlicher Symptomatik, die (schwerpunktmäßig) durch psychische Faktoren bedingt, mitbedingt oder unterhalten werden. Die *psychosomatische Medizin* als ärztliche Disziplin schließlich hat nun die Aufgabe, sowohl die Forschung und Lehre der psychosomatischen Krankheiten als auch die Interaktion mit den psychosomatisch Kranken überhaupt, d. h. also mit allen Kranken, wissenschaftlich zu systematisieren. Daraus folgen gewisse Schwierigkeiten, wie z. B. die vieldiskutierte Frage: Ist die psychosomatische Medizin eine ärztliche Spezialdisziplin oder ist sie das integrierende Element, das den Zerfall der modernen Medizin in unübersehbar viele Spezial- und Subdisziplinen aufzuhalten sucht? Die Antwort auf diese Frage wird verschieden ausfallen müssen, je nachdem, ob man mehr die psychosomatischen Krankheiten oder aber den psychosomatisch Kranken im Auge hat. Die Forschung in der psychosomatischen Medizin wird – wie jede Forschung – in erster Linie von besonders befähigten Fachleuten durchgeführt werden müssen. Es ist aber zu hoffen, daß psychosomatisches Denken und Handeln allmählich zum selbstverständlichen Allgemeingut ärztlicher Praxis wird.

Zusammenfassend möchte ich psychosomatische Medizin wie folgt definieren: Unter psychosomatischer Medizin wollen wir jene Richtung in der Medizin verstehen, die sich bemüht, physiologische, psychologische und soziale Faktoren des Krankheitsgeschehens *integrativ* zu berücksichtigöen. Die Betonung liegt dabei auf dem Adverb „integrativ“, das auch die gesamte theoretische und praktische Problematik beinhaltet. Dies wollen wir jedoch an einem einfachen Fallbeispiel erörtern.

Eine 52jährige Frau betritt zum ersten Mal das Sprechzimmer und berichtet, daß sie in den letzten 3 Wochen zweimal nachts Anfälle von akuter Atemnot bekommen habe. Die Luft sei ihr weggeblieben und sie habe gemeint sterben zu müssen. Auf die Bitte des Arztes, doch die Umstände zu schildern, unter denen die Atemnotanfälle aufgetreten seien, berichtet sie unter tiefem Seufzen, daß sie mit einem Ausländer in schlechter Ehe verheiratet sei, der sie vernachlässige und oft nächtelang wegbliebe. Die so bedrohlich empfundenen Atemnotanfälle seien in dem Augenblick aufgetreten, als ihr jüngster, 18jähriger Sohn, ihr erklärt habe, er wolle sich nun von der Familie trennen und wegziehen. Nachdem sie dies alles in recht vorwurfsvollem Ton vorgebracht hat, bricht sie an dieser Stelle in Tränen aus.

Während des Berichtes der Patientin ändert sich auch die Stimmungslage des Arztes. Beim Eintreten nimmt er eine kleine, recht adipöse und kurzatmige Frau mit etwas zyanotischen Lippen wahr – sie wog, wie sich später herausstellte, bei 161 cm Größe 108 kg –, die auf ihn zunächst einen „schmuddeligen“ und unsympathischen Eindruck machte, obwohl sie, wie sich herausstellt, keineswegs ungepflegt war. Diese ablehnende Stimmung des Arztes, die der erste Eindruck hervorgerufen hatte, wandelte sich während des Berichtes der Patientin in eine Stimmung des wohlwollenden Interesses und der Hilfsbereitschaft.

Die weitere Untersuchung der Patientin ergab Anzeichen einer durch Adipositas und eine leichte Hypertonie bedingten Herzinsuffizienz mit Linkshypertrophie des Herzens sowie einer leichten Erhöhung der Blutfette.

Dieser „banale Alltagsfall“ aus der Sprechstunde wirft bei etwas genauerem Hinsehen bereits eine Fülle von Problemen auf. Ohne einen Anspruch auf Vollständigkeit zu erheben, wollen wir einige davon nachfolgend aufzählen:

1. Warum kommt die Patientin gerade jetzt zum Arzt?
2. Warum sucht sie diesen und keinen anderen Arzt auf?
3. Woran leidet sie?
4. Wird der Arzt ihr Leiden erkennen?
5. Wird er ihr helfen können?

Dies sind nur einige uns besonders wichtig erscheinende Fragen.

Ad 1. Warum kommt die Patientin gerade jetzt zum Arzt? Sie hat doch offenbar schon lange ihre Adipositas und die dadurch bedingte Herzinsuffizienz. Die unerfreuliche Ehesituation besteht ebenfalls schon lange. Ob die leichte Hypertonie und Hyperlipidämie älteren oder auch jüngeren Datums sind, läßt sich, da keine früheren Untersuchungsergebnisse vorliegen, nicht entscheiden. Der Grund ihres Kommens ist wohl darin zu sehen, daß sie die beiden Atemnotanfälle, die etwas mit dem drohenden Auszug ihres Sohnes zu tun haben, sehr beunruhigen. Jetzt erst fürchtet sie herzkrank zu sein und womöglich sterben zu müssen. Deshalb sucht sie wohl jetzt den Arzt auf.

Ad 2. Warum sucht sie diesen und keinen anderen Arzt auf? Wir wissen es nicht. Wir können nur vermuten, daß sie – aus welchen Gründen auch immer – gerade von diesem Arzt erwartet, er werde ihr Leiden richtig erkennen und ihr auch helfen können.

Ad 3. Woran leidet sie? Der Versuch, diese Frage zu beantworten, wirft sofort eine Reihe weiterer Fragen auf. Daß sie eine Adipositas, eine Herzinsuffizienz und eine leichte Hypertonie hat, ist offensichtlich. Aber wie steht es mit den nächtlichen Atemnotanfällen? Welche Rolle spielen dabei hämodynamische und welche psychische Faktoren? Die Enttäuschung und Verzweiflung über den bevorstehenden Auszug des Sohnes hat offensichtlich etwas damit zu tun, aber was? Wie wirkt sich Enttäuschung und Verzweiflung auf die Hämodynamik aus? Wie kam es zur schlechten Ehe, zur Adipositas und der wohl daraus folgenden Herzinsuffizienz? Fragen über Fragen, die sich kurzschlüssig nicht beantworten lassen!

Ad 4. Wird der Arzt ihr Leiden erkennen? Diese Frage ist mit den unter 3) erörterten auf das engste verknüpft und wirft ebenfalls eine Reihe weiterer Fragen auf. Aus der Fülle dieser Fragen wollen wir hier nur zwei herausgreifen. Erstens, wie läuft der Erkenntnisprozeß im allgemeinen und der ärztlich-diagnostische Prozeß im besonderen ab? Weiter unten werden wir noch darauf zurückkommen. Zweitens steht es wohl außer Frage, daß das diagnostische Urteil des Arztes sehr stark von seinen theoretischen Konzepten und „Vor-Urteilen" abhängen wird. Ein reiner Somatiker würde vermutlich nur die Adipositas und die Hyperlipidämie registrieren. Er würde vermutlich die Arzt-Patient-Interaktion so gestalten, daß die Patientin kaum Gelegenheit hätte, von ihren familiären Schwierigkeiten zu berichten und ihre Verzweiflung auszudrücken. Umgekehrt würde sich ein behandelnder Psychologe sehr eingehend für letzteres interessieren, dabei aber möglicherweise die Herzinsuffizienz und damit verbundene Gefahren übersehen.

Ad 5. Wird der Arzt der Patientin helfen können? Obwohl diese Frage zweifellos die wichtigste ist, – denn was nützt alle Diagnostik, wenn sie nicht zu einer zufriedenstellenden Therapie führt – so können wir diese Frage doch erst dann befriedigend beantworten, wenn wir vorher auf die unter 3) und unter 4) gestellten Fragen eine Antwort gefunden haben. Dies ist aber noch keineswegs der Fall.

Der Leser wird bereits gemerkt haben, daß schon ein so banaler Alltagsfall eine Fülle von schwerwiegenden Fragen aufwirft, selbst dann, wenn wir uns nur auf die allerwichtigsten beschränken. Wie sieht es erst aus, wenn der Arzt mit schwierigen „Problemfällen" konfrontiert ist?

Die beiden wichtigsten Fragestellungen, auf die jede Medizin, die den Anspruch erhebt, eine psychosomatische zu sein, eine Antwort geben muß, lauten:

1. Welche Beziehungen bestehen zwischen dem Patienten und seiner Umwelt oder genauer gesagt, zwischen ihm und seinen wichtigsten Beziehungspersonen?
2. Wie können wir uns die gegenseitige Beeinflussung der biologischen, der individual-psychischen und der psychosozialen Ebene vorstellen?

Um diese beiden Fragestellungen zu analysieren und einigermaßen befriedigend zu beantworten, ist eine sehr eingehende Diskussion erforderlich, die hier nicht in vollem Umfang geleistet werden kann. Es sei deshalb auf den von T. von Uexküll und W. Wesiack verfaßten einleitenden wissenschaftstheoretischen Abschnitt des Lehrbuches der Psychosomatischen Medizin (3. Aufl. 1986) und die von denselben Autoren verfaßte „Theorie der Humanmedizin" (1988) verwiesen. Dort wird ausführlich auf diese Problematik eingegangen. Hier kann ich nur einige besonders wichtige Gesichtspunkte herausgreifen.

An unserem Fallbeispiel können wir beide Problemkreise gut verdeutlichen. Die nächtlichen Atemnots- und Herzanfälle sind erstmals aufgetreten, als der Lieblingssohn der Patientin erklärt hat, er habe es jetzt satt, daheim zu wohnen und werde ausund zu seiner Freundin ziehen. Die genauere Anamnese zeigte, daß sich die Patientin von Anfang an abgelehnt gefühlt hatte, deshalb verzweifelt und depressiv wurde und sehr frühzeitig aus ihrem Elternhaus in die Ehe geflüchtet ist, in der sie wiederum bald von ihrem Ehemann vernachlässigt und allein gelassen wurde. Lediglich ihr jüngerer Sohn war für sie eine emotionale Stütze. Als auch dieser sie verließ, wurde sie manifest krank.

Es scheint überhaupt das Schicksal dieser Frau zu sein, immer und überall abgelehnt zu werden. Selbst der behandelnde Arzt nahm zunächst bei sich ein Gefühl der Antipathie und Ablehnung wahr. Schon früh hat sich offenbar bei dieser Frau ein Beziehungsmuster herausgebildet, das ihr ganzes Leben vergiftete und immer wieder zu Enttäuschungen, Verbitterung und Depression führte. Die für die Patientin entscheidend wichtigen Interaktionen und die gegenseitige Abhängigkeit und Beeinflussung von der Patientin und ihrer Umgebung könnte kaum anschaulicher dargestellt werden.

Dieses Beziehungsmuster hatte aber – und damit komme ich zum zweiten Problemkreis, nämlich dem Zusammenhang zwischen der biologischen, der psychischen und der sozialen Ebene – schwerwiegende Folgen für ihren Gesundheitszustand. Aus der Ablehnung entwickelte sich eine Depression. Um diese zu kompensieren, begann die Patientin vermehrt zu essen und wurde dick. Durch das Dickwerden wurde sie noch stärker abgelehnt, wurde noch depressiver und begann noch mehr zu essen. So entwickelte sich ein Teufelskreis, der allmählich zur Fettsucht führte. Im vorliegenden Fall können wir sehr schön eine „Abwärtsbewegung" von der sozialen Ebene (Ablehnung) über das subjektive Erleben (die Depression) zur biologischen Ebene (Fettsucht) mit schließlicher Hypertonie, Hyperlipidämie und Herzinsuffizienz beobachten.

Die Veränderungen im biologischen Bereich haben aber ihrerseits auch wieder in der Art einer „Aufwärtsbewegung" Folgen im Bereich des Erlebens (Todesangst) und der Sozietät (Inanspruchnahme der ärztlichen Hilfe).

Bei genauerem Hinsehen können wir bei allen Patienten ihre Verflochtenheit mit der Umwelt und die Aufwärts- und Abwärtsbewegungen zwischen der biologischen, der psychischen und der sozialen Ebene erkennen, allerdings nicht immer in solcher Eindrücklichkeit, wie bei unserer Patientin.

An dieser Stelle möchte ich noch kurz auf das Problem der Diagnose und auf das Erkenntnisproblem eingehen, weil sie in der psychosomatischen Medizin eine große Rolle spielen.

Am Begriff „Diagnose" sollten wir mindestens drei verschiedene Bedeutungen unterscheiden, die nicht miteinander vermengt werden sollten.

Es sind dies:

1. Die Diagnose als „Summe der Erkenntnis". Man könnte sie auch die „hippokratische" Diagnose nennen. Sie bezeichnet den nie abgeschlossenen Erkenntnisprozeß über diesen konkreten Patienten. Sofern ich mich nicht zu früh und starr auf einen einzigen Aspekt festlege, ist dieser Erkenntnisprozeß nie abgeschlossen. Jede Interaktion mit dem Patienten, gleichgültig, ob sie schwerpunktmäßig mehr diagnostischer oder mehr therapeutischer Art ist, erweitert meine Kenntnis vom

Patienten und bewirkt auch etwas bei ihm. Deshalb hinterlassen ja auch Maßnahmen, die in rein diagnostischer Absicht vorgenommen werden, beim Patienten ihre Spuren und verändern zumindest sein Erleben und seine Einstellung. Umgekehrt sagen auch alle therapeutischen Resultate und die Reaktionen des Patienten darauf etwas über ihn aus und erweitern somit die Kenntnis des Arztes. Ich habe deshalb an anderem Ort vom „diagnostisch-therapeutischen Zirkel" gesprochen, der den Interaktionsprozeß zwischen Arzt und Patient viel adäquater beschreibt als die Vorstellung von völlig getrennten diagnostischen und therapeutischen Maßnahmen.

2. Von der Diagnose als Summe der Erkenntnis, die prinzipiell unabgeschlossen ist, müssen wir zweitens die klassifizierende „klinische Diagnose" unterscheiden, die die Zuordnung der pathologischen Vorgänge eines Patienten zu einem Krankheitsbegriff unseres nosologischen Systems bedeutet, wie z. B. „essentielle Hypertonie", „Ulcus duodeni", „Herzmuskelinfarkt" usw. Hier wird ein bestimmter Patient einem mehr oder weniger klar definierten Krankheitsbild zugeordnet. Über die individuellen Besonderheiten dieses Patienten sagt diese Diagnose so gut wie nichts aus. Sie ermöglicht uns aber, bestimmte therapeutische Routinen in Gang zu setzen und muß daher vor der Anwendung dieser Routinen gesichert sein. Nur für diese klassifizierende klinische Diagnose gilt der bekannte Ausspruch von Franz Volhard: „Vor die Therapie haben die Götter den Schweiß der Diagnose gesetzt", wobei Diagnose und Therapie – im Gegensatz etwa zum Konzept des diagnostisch-therapeutischen Zirkels – als zwei getrennte und voneinander unabhängige Vorgänge definiert sind.
3. Im unmittelbaren Umgang mit dem Patienten im diagnostisch-therapeutischen Gespräch müssen wir aber noch eine dritte Art von „Diagnose" verwenden. Es ist dies die „umfassende Diagnose". Balint (1957) meint damit folgendes: Wenn wir die klassifizierende klinische Diagnose gestellt haben bzw. auf der Suche nach ihr sind, dann müssen wir diese klinische Diagnose noch um das psychosoziale Beziehungsfeld erweitern. Wir müssen uns ein Bild davon machen, wieso gerade dieser Patient bei seiner Lebensgeschichte, seinen Problemen und der Verflochtenheit in sein psychosoziales Umfeld, an diesem oder jenem Leiden erkrankt ist. Erst durch diese umfassende Diagnose können wir die „individuelle Wirklichkeit" (von Uexküll 1986) eines Patienten erfassen. Nur wenn wir sein subjektives Erleben, eben seine individuelle Wirklichkeit, erfassen, können wir ein Verständnis dafür gewinnen, warum dieser Patient erkrankt ist, wie er seine Erkrankung erlebt und mit ihr umgeht (Coping), und welche Art von Arzt-Patient-Beziehung er aufzubauen in der Lage ist (Compliance). Der Erfolg der therapeutischen Maßnahmen wird weitgehend von der einigermaßen richtigen Einschätzung dieser Faktoren abhängen. Wenn wir die klinische Diagnose noch durch die umfassende erweitern, dann können wir sowohl die diagnostischen als auch die therapeutischen Maßnahmen gezielter, sparsamer und dadurch effizienter einsetzen und zusätzliche Chronifizierungen des Krankheitsgeschehens vermeiden. Im ärztlichen Gespräch bekommen wir also nicht nur Hinweise für die Suche nach der klassifizierenden klinischen Diagnose, sondern bereits, und dies gerade in den ersten Minuten, den wichtigsten Zugang zur individuellen Wirklichkeit, zum subjektiven Erleben und damit zu den „Problemen" des Patienten.

Bei unserem Fallbeispiel führen die klassifizierenden Diagnosen „Fettsucht“, „Hypertonie“, Hyperlipidämie“, „Herzinsuffizienz“ und „Depression“ zu recht einseitigen und daher unzureichenden therapeutischen Handlungsanweisungen. Erst durch das Einbeziehen der psychosozialen Situation, durch eine umfassende Diagnose im Sinne von Balint können wir das Krankheitsgeschehen wirklich durchschauen und einen Therapieplan aufstellen, der, wenn er durchgeführt werden könnte, der Patientin entscheidend helfen würde.

Auf das Erkenntnisproblem eingehend möchte ich nur kurz zusammenfassen: Im Gegensatz zur naiven Vorstellung einer außerhalb von uns existierenden „objektiven Realität“ ist der Erkenntnisprozeß, wie uns die Sinnesphysiologie, die Neurophysiologie und die Wahrnehmungspsychologie lehren, ein außerordentlich komplexer Vorgang, der immer über folgende Stufen verläuft:

1. Wahrnehmung,
2. Deutung des Wahrgenommenen als ein bestimmtes Objekt unseres Interesses und schließlich
3. Realitätsprüfung, in der überprüft wird, ob die Deutungen (Hypothesen) zutreffend waren oder aber abgeändert werden müssen.

Der Erkenntnisprozeß ist also stets mit einer Reihe von Unsicherheiten belastet, auch dann, wenn es sich um sog. objektive Befunde handelt, denn die Wahrnehmungen – die Zeichen – müssen interpretiert werden. Die Semiotik – die Wissenschaft von den Zeichen (vgl. Krampen et al.) – lehrt uns, daß wir im semiotischen Prozeß nach Peirce stets das Signifikat (das Bezeichnete), den Signifikant (das Bezeichnende – das Zeichen) und den Interpreten, der mit Hilfe eines Codes (des Interpretanten) die Deutung vornimmt, unterscheiden müssen. Wenn wir z. B. eine bestimmte geologische Formation (Signifikat) im deutschen als „Stein“ (Signifikant) und im englischen als “stone“ (Signifikant) bezeichnen, dann können wir als Interpreten die Bezeichnung (Signifikant) „Stein“ oder “stone“ nur verstehen, wenn wir über den richtigen Code, den richtigen Interpretanten, die Kenntnis der deutschen bzw. englischen Sprache verfügen. Auf die Medizin bezogen heißt das: Nur wenn wir als Interpreten über den Code (= den Interpretanten) der medizinischen Zeichenlehre verfügen, vermögen wir gewisse Wahrnehmungen am Patienten als „Symptome“ von unterstellten Krankheitsprozessen zu deuten.

Nach Morris (1955) und Carnap müssen wir an jedem Zeichen auch noch drei „Dimensionen“ unterscheiden. Es sind dies

1. die syntaktische,
2. die semantische und
3. die pragmatische „Dimension der Zeichen“.

In der Syntaktik wird nach den Zeichen selbst und ihrer Kombination sowie nach den Relationen dieser Kombinationen und nach den Regeln, die sie beherrschen, gefragt. Diese Beziehungen sind mathematisch formulierbar. Die Semantik beschäftigt sich mit der Bedeutung, der Interpretation der Zeichen. In der Semantik sind Zeichen immer Zeichen von etwas, also ein Signifikant für ein Signifikat. Die Pragmatik schließlich hat die Handlungsanweisungen zum Gegenstand, welche die Zeichen schon immer beinhalten, indem sie Zeichen für etwas sind.

Die nächtlichen Atemnots- und Angstanfälle unserer Patientin werden wir unterschiedlich interpretieren, je nachdem, ob wir als „Code", also als theoretisches Bezugssystem das Interpretationsmodell der Kreislaufpathologie oder aber das der neurosenpsychologie benützen. Im ersten Fall wird unsere Interpretation (= klassifizierende Diagnose) „Asthma cardiale", im zweiten Fall „Konversionssymptom" lauten.

Eine Theorie der psychosomatischen Medizin muß in der Lage sein, beide Interpretationsmodelle in ein umfassenderes zu integrieren. Das Situationskreiskonzept Thure von Uexkülls scheint mir dazu besonders geeignet zu sein.

Literatur

Alexander F (1951) Psychosomatische Medizin. Berlin
Alexander F, French TM (1948) Studies in psychosomatic medicine. New York
Alexander FG, Selesnick ST (1969) Geschichte der Psychiatrie. Zürich
Balint M (1957) Der Arzt, sein Patient und die Krankheit. Klett, Stuttgart
Deutsch F (1922) Das Anwendungsgebiet der Psychotherapie in der inneren Medizin. Wien Med Woschenschr 72: 809
Dunbar F (1954) Emotions and bodily changes, 4th edn. New York
Eissler KR (1953) The effect of structure of ego on psychoanalytic technique. J Am Psychoanal Assoc 2: 104–143
Freud S. – G.W., Bd I, S 75; G.W., Bd II/II, S 521; G.W., Bd V, S 5, 275; G.W. Bd VIII, S 460; G. W., Bd XIII, S 17, 211, 215, 223, 229; G. W., Bd XIV, S 44/45, 45/46, 58; G. W., XV, S 86; G. W., Bd XVI, S 84
Goldschmidt O (1973) Vorgeschichte und Entwicklung des Sprechstundeninterviews. Psyche 27: 1012
Halliday JL (1948) Psychosocial medicine. A study of the sick society. New York
Heinroth JC (1818) Lehrbuch der Störungen des Seelenlebens oder Seelenstörungen und ihre Behandlung, Teil II. Leipzig
Jacobi KWM (1822–30) Sammlungen für die Heilkunde der Gemütskrankheiten. Elbersfeld
Krampen M et al. (1981) Die Welt der Zeichen. Klassiker der modernen Semiotik. Severin & Siedler, Berlin
Margetts EL (1954) Historical notes on psychosomatic medicine. In: Wittkower D, Cleghorn RA (eds) Recent developments in psychosomatic medicine. London
Mitscherlich A (1966/67) Krankheit als Konflikt, Bd I u. II. Frankfurt
Morris CW (1955) Signs, language and behavior. New York
Redlich FC, Fredman D (1970) Theorie und Praxis der Psychiatrie. Frankfurt
Rosenbach O (o. J.) Über psychische Therapie innerer Krankheiten. Berl Klin 25
Uexküll T von, Wesiack W (1986) Wissenschaftstheorie und psychosomatische Medizin. In: Lehrbuch der Psychosomatischen Medizin, 3. Aufl. Urban & Schwarzenberg, München
Uexküll T von, Wesiack W (1988) Theorie der Humanmedizin, Urban & Schwarzenberg, München
Weizsäcker V von (1945) Körpergeschehen und Neurose. Stuttgart

Psychophysiologische Aspekte der psychosomatischen Medizin

W. Biebl

Seit etwa 100 Jahren beschäftigt sich die Medizin als Wissenschaft mit psychogenen Erkrankungen. Wesentlich waren Erkenntnisschritte bei den Konversionsneurosen durch Breuer und Freud in Wien, Charcot in Frankreich. Seelische Not infolge psychisch nicht auflösbarer bzw. nicht annehmbarer Strebungen und Wünsche kann in körperliche Symptome transformiert werden, mit der Konsequenz seelischer Entlastung. In der Folge wurde auch der somatisch kranke Mensch als psychophysische Einheit aufgefaßt und untersucht.

Entscheidend für das Verständnis psychogener Erkrankung war die Beobachtung, daß Gefühle, aber auch Denkmuster aus dem Bewußtsein verdrängt werden können. Verdrängt, oder sonst aus dem Bewußtsein abgewehrt, verlieren diese affektiven und oder kognitiven Einstellungen jedoch nicht an Kraft oder Dynamik. Sie sind weiterhin wirksam mit ihren vegetativen Korrelaten. Dies war nun der Denkansatz für die psychosomatische Betrachtungsweise. Jedes Gefühl – sei es Angst, Lust, Ärger oder ein anderer Affekt – wirkt im Somatischen genauso wie im bewußten seelischen Erleben. Wird durch einen psychischen Abwehrmechanismus der Affekt aus dem Bewußtsein verbannt, wirkt er ungehindert im Vegetativum weiter, kann jedoch nicht mehr zielgerichtet – also bewußt – bewältigt werden. Für eine Reihe von Erkrankungen, etwa Ulcus duodeni, Colitis ulcerosa, Asthma bronchiale u. a. wurden spezifische Konflikte verallgemeinert und als Ursache für eine sog. psychosomatische Erkrankung angenommen; ein Vertreter dieser Forschungsrichtung war Alexander (1971).

Bereits Groddeck (1972) ließ aus dem verallgemeinerten Ansatz der Konversionsneurose für jegliche somatische Erkrankung als kausale Ursache das Unbewußte gelten.

Die Krise einer psychotherapeutischen Denkrichtung ergab sich notgedrungen, da Spekulationen, Hypothesen und Theorien rasch die Wertigkeit von bewiesenen Ergebnissen annahmen. So entstanden eine Vielzahl von Schulen, wobei jede dieser Schulen in Gefahr geriet, mit ideologischer Festigkeit oder sogar parareligiöser Gläubigkeit zu agieren. Letztlich lag dies auch daran, daß die naturwissenschaftliche Medizin noch nicht die Untersuchungsmethoden bereitstellen konnte, die für die Beantwortung psychophysiologischer Fragestellungen erforderlich sind.

In den vergangenen Jahrzehnten wurden viele Detailfragen untersucht, prospektive Untersuchungen durchgeführt und für psychophysiologische Fragestellungen erforderliche Methoden entwickelt. Hierbei sollen auch die Forschungsergebnisse erwähnt werden, die durch Tierversuche gewonnen werden konnten. Es erscheint heute fast anstößig, die Wichtigkeit von Tierversuchen zu betonen. Jedoch könnte ohne diese über die Funktion des limbischen Systems, die Funktion der Neurotransmission und der neuroendokrinologischen Regelkreise keine Erkenntnis gewonnen werden. Eine psychosomatische Betrachtungsweise wird jedoch entweder weiterhin spekulativ bleiben, oder sich das Grundlagenwissen aneignen müssen, welches durch Tierversuche erworben werden kann. Die Problemfelder sind zahlreich, wenn Gesundheit und Krankheit in dem bio-psycho-sozialen Zusammenhang gesehen werden sollen. Fast unüberbrückbar sind die verschiedenen Wissenschaftssprachen, die unterschiedlichen Methoden der jeweiligen Wissensdisziplin. Die Zeiten sind noch nicht lange vorbei, als gesagt wurde: Es gibt kein morphologisches Substrat für die Seele. Auch heute noch wird von einer Vielzahl von Menschen gefordert, die Evolutionstheorie als eine Theorie zwar gelten zu lassen, und die „Schöpfungsgeschichte", die weiterhin für viele Menschen eine Glaubenswahrheit sei, vorerst als gleichberechtigte Theorie danebenstehen zu lassen.

So ist eine psychosomatische Betrachtungsweise mit ihren Konsequenzen der Therapie und der klinischen Forschung weiterhin eingebettet in die Welt des jeweiligen Zeitgeistes. Objektivierbare Fragestellungen können nur nach definierten Methoden untersucht werden. Die Naturwissenschaft – etwa die theoretische Physik – steht längst schon in dieser Erkenntniskrise, daß Wissen an sich nicht objektiv sein kann, da es stets nach dem jeweiligen Untersuchungsgang definiert werden muß.

Anpassungen an neue Situationen – seien es Reifungsschritte, biologisch, wie die Pubertät, oder psychosozial, wie Verselbständigung weg vom Elternhaus und das Eingehen heterosexueller Beziehungen – sind Prozeßgeschehen. Die Richtung der Entwicklung ist zwar vorgegeben, jedoch die Abfolge der einzelnen Anpassungen, die auf der psychosozialen Ebene das Erfahren von Identitätserweiterung beinhaltet, ist individuell in Abhängigkeit von biologischen Faktoren, von psychischen und somatischen Vorerfahrungen, wesentlich auch abhängig von jeweiligen Umgebungsbedingungen. Es entspricht nach dem heutigen Wissen einer Idealisierung, daß ein idealpsychisch gesunder Mensch in jedweder neuen Anpassungssituation die notwendigen Lernprozesse leisten kann. Es scheint eher so zu sein, daß neben psychischer Reifungshemmung oder neurotischer Entwicklung ebenso das jeweilige Lebensalter und ganz wesentlich die Qualität vorhandener Umgebungsbedingungen stets gemeinsam darüber entscheiden, ob in einer spezifischen Belastungssituation die erforderliche bio-psycho-soziale Anpassungsleistung erbracht werden kann.

Eine stereotyper Gleichsetzung von seelischer Mitbedingtheit bei körperlichen Erkrankungen mit neurotischer Entwicklung zeigt sich so als einseitige Verkürzung.

Philemon und Baucis – das ideale Ehepaar der Antike – galt als glücklich, da die beiden im hohen Lebensalter gemeinsam sterben konnten. Menschen, die psychisch ebenso wie diese beiden angelegt sind, jedoch durch den vorzeitigen Tod eines Partners getrennt wurden, würden einer schwerwiegenden Erschütterung infolge der dann erforderlichen Trauer und Umstellungsarbeit ausgesetzt sein. Wäre dieses Ehepaar der Antike dann ein Beispiel dafür, wie schädlich symbiotische Nähe, mangelnde Verselbständigung in der Partnerschaft sei?

Es spricht vieles dafür, daß bei Säugetieren und auch bei Menschen dem subjektiven Gefühl der Kontrollfähigkeit entscheidende Bedeutung zukommt, ob Adaptationsleistungen erbracht werden können. Ein Autor dieser Forschungsrichtung ist Seligmann (1979). Dieser konnte zeigen, daß das Konzept der „erlernten Hilflosigkeit" – das Erleben keinerlei Einfluß auf eine Situation zu haben – mit charakteristischen kognitiven Veränderungen – überprüfbar bei Lernexperimenten – jedoch auch mit nachweisbaren neuroendokrinologischen Parametern – überprüfbar durch Neurotransmitter-Untersuchungen und Messungen von Hormonparametern wie Kortisol, Testosteron, Wachstumshormon – einhergeht Dies entspricht auch klinisch tiefenpsychologischen Erfahrungen, dem Konzept des Erlebens von Hilf- und Hoffnungslosigkeit (Engel 1970) als charakteristische Bedingung vor dem Ausbruch körperlicher und psychischer Krankheiten.

Psychoanalytiker, wie Kohut (1973) – Selbstgefühl, Sandler (1983) – Sicherheitsprinzip, Erikson (1970) – Identitätswiderstand sowie Balint (1970) – Urvertrauen, betonen zunehmend die Priorität dieser kognitiven Einstellung des „sich einer Situation Gewachsenfühlens" als primär im Vergleich zu Triebregungen, oder Lust – Unlust. Adler (1973) nannte diese Erlebnisqualität „Machtstreben" und gab ihm auch Priorität über Triebabfuhr.

Bereits seit langem sind die Arbeitshypothesen von Cannon (1953), die auch physiologisch überprüfbar sind, bekannt: Das biologische Muster der Aktivierung, Kampf – Flucht, im Gegensatz zum biologischen Muster des Rückzugs, des Todstellreflexes.

Selye (1953) beschrieb als erster das Adaptationssyndrom, d.h. die stereotype Abfolge ganzheitlicher Aktivierungen im Rahmen einer Adaptation; dies meint das Streßkonzept. Der Begriff Streß ist allgemein bekannt, wird jedoch sehr undifferenziert verwendet, sowohl als Reaktion auf äußere Noxen als auch als Beschreibung der äußeren Situation, die zur Anpassungsleistung führt, oder als die jeweilige Art von Belastung, welche bereits zur Überforderung von Anpassungskapazitäten führt.

In den letzten 20 Jahren wurden mehrfach überprüfte Experimente vorgestellt, die zeigen, wie multikausal die Bedingungen sind, welche letztlich über gelungene Adaptation oder Erkrankung entscheiden. Somit erscheint heute jede simplifizierende psychosomatische Betrachtungsweise vielleicht noch einem didaktischen Bedürfnis entsprechend, jedoch nicht mehr den tatsächlichen Bedingungen eines Individuums gerecht zu sein. Weiner (1977) betont als Psychosomatiker, wie verkürzt es sein, eine bestimmte Erkrankung an sich zu untersuchen, da ein Krankheitssyndrom auch physiologisch auf unterschiedlichsten Wegen zustande kommen kann, etwa beim Ulcus duodeni oder Asthma bronchiale.

Heute wächst die Information über körpereigene Antistreßsysteme. Nicht nur die ACTH-Kortisol-Achse, auch peripher die Prostaglandine, vor allem aber auch hemmende Neurotransmittersysteme zentral und peripher, wirken reizdämpfend, lokalisieren die Aktivierung und verhüten so endogen eine Streßschädigung durch Überaktivierung.

Eine psychosomatische Betrachtungsweise des einzelnen muß auf diese unterschiedlichen Ebenen multikausaler Verknüpfung im Einzelfall achten. Verallgemeinern darf sie im Bereich der Prophylaxe, etwa der Gesundheitserziehung, einer allgemeinen Pädagogik, im Bereich politischer Einflußnahme und Unterstützung der Familie bis hin zur adäquaten Unterstützung alleinstehender alter Menschen.

Als Paradigma methodischer Vielfältigkeit von Bedingungen sei die Erkenntnis erwähnt, die bei Reizexperimenten am limbischen System von Säugetieren gewonnen wurde: Über den Ausgang eines Experiments entscheiden das Lebensalter, die Vorerfahrung, d.h. die psychische und somatische Adaptation, die momentane

Umgebungssituation und die Stimulation in einem bestimmten Hirnareal, gleichwertig mit.

Literatur

Adler A (1973) Heilen und Bilden. Fischer, Frankfurt/M.
Alexander F (1971) Psychosomatische Medizin, Grundlagen und Anwendungsgebiete. De Gruyter, Berlin
Balint M (1970) Therapeutische Aspekte der Regression. Klett, Stuttgart
Breuer S, Freud S (1985) Studien über Hysterie. Deuticke, Leipzig
Cannon WB (1953) Bodily changes in pain, hunger, rage and fear. Bradford, Boston
Engel GL (1970) Psychisches Verhalten in Gesundheit und Krankheit. Huber, Bern
Erikson EH (1970) Jugend und Krise. Die Psychodynamik im sozialen Wandel. Klett, Stuttgart
Groddeck G (1972) Das Buch vom Es, 2. Aufl. Kindler, München
Kohut H (1973) Narzißmus. Eine Theorie der psychoanalytischen Behandlung narzißtischer Persönlichkeitsstörungen. Suhrkamp, Frankfurt/M.
Sandler J (1983) Die Beziehung zwischen psychoanalytischen Konzepten und psychoanalytischer Praxis. Psyche 37: 577–595
Seligman MEP (1979) Erlernte Hilflosigkeit. Urban & Schwarzenberg, München
Selye H (1953) Einführung in die Lehre vom Adaptationssyndrom. Thieme, Stuttgart
Weiner H (1977) Psychobiology and human disease. Elsevier, New York

Psychopathologische Aspekte der psychosomatischen Medizin

H. Hinterhuber

Die vielfältigen Forschungsaktivitäten auf den unterschiedlichsten Gebieten der Psychiatrie haben zu bedeutenden Ergebnissen geführt; die Suche nach besseren diagnostischen, therapeutischen und rehabilitativen Möglichkeiten war in vielen Bereichen erfolgreich.

Die Bilanz der psychiatrischen Wissenschaften gibt zu neuen Hoffnungen Anlaß: es ist – nach Lungershausen – eine Stimmung des Aufbruchs, in der allenthalben in der Psychiatrie mit zahlreichen neuen Forschungsschwerpunkten und Denkansätzen gearbeitet wird.

Bei der übergroßen Zahl und der z. T. divergierenden Ansätze der einzelnen Forschungsrichtungen besteht aber das Gefahrenmoment, daß die Psychiatrie – wie andere Wissensbereiche auch – in eine Vielzahl von Teilgebieten und Sichtweisen zerfällt: jede Skotomisierung birgt die Gefahr doktrinärer Einäugkigkeit in sich.

Wissenschaftlicher Fortschritt kann weder aus Deutungen und Vermutungen gewonnen werden, noch erwächst er zwangsläufig aus dem, was nach Galilei mit naturwissenschaftlicher Methodik zählbar und meßbar ist. Die Psychiatrie steht heute im Spannungsfeld von widersprüchlichen Theorien, die, in der Notwendigkeit der gegenseitigen Abgrenzung häufig extrem formuliert, von rigoros biologistischen bis zu sozialutopischen Betrachtungsweisen reichen: alle erheben Anspruch auf Allgemeingültigkeit.

Neue relevante therapeutische Erkenntnisse sind dann möglich, wenn sich die Psychiatrie im Bewußtsein ihrer faszinierenden Vielgestaltigkeit bemüht, die Methodik und die Forschungsergebnisse jener Wissenschaftsbereiche einzubinden, die dem Fach benachbart sind: Neben der Neurologie, der Psychologie und der Philosophie, der Verhaltensforschung und der Soziologie stellen Neurobiochemie und Neurophysiologie jene Grundfeste dar, die unsere Fachrichtung tragen; dies ist die Basis, auf der wir als Ärzte stehen und als Psychiater denken, handeln und therapieren.

Richtschnur in der verwirrenden Fülle von Daten und Fakten, und Grundlage der ärztlich-psychiatrischen Tätigkeit stellt aber die Psychopathologie dar.

Psychopathologische Einsichten führen – wie C. Scharfetter betont – näher zum Menschen, sie zeigen nicht nur die abnormen Erlebnis- und Verhaltensweisen auf, sondern lassen dem Arzt die gesunden Anteile des Patienten erkennen und stellen die Richtlinien des therapeutischen Vorgehens dar.

Psychopathologie ist nichts Statisches, nichts Erstarrtes, Psychopathologie ist im Gegenteil Bewegung, Dynamik. Eine exakte beschreibenden Psychopathologie ist die Basis für eine einfühlbare, verstehende Psychopathologie. In diesem Sinne erscheint auch der Gegensatz zwischen Psychopathologie und Psychodynamik aufgehoben. Die Psychopathologie sieht den Menschen, der in seinem lebensgeschichtlichen soziokulturellen Zusammenhang als krank bezeichnet wird, stets als Teil eines gesellschaftlichen Kontextes mit einer Vielzahl von lebendigen Wechselbeziehungen, er wird nie isoliert betrachtet. Aus diesen Gründen lehnen wir auch den Terminus „Sozialpsychiatrie" als Tautologie ab: da sich der Mensch nur in einer Sozietät entwickeln kann und die Psychiatrie den Kranken in seinem soziokulturellen Kontext sieht, ist die Psychiatrie eo ipso Sozialpsychiatrie.

So ist auch die psychosomatische Medizin – wie es Weiss u. English bereits 1943 formulierten – „ein relativ neuer Name für eine Form der Medizin, die so alt ist, wie die Heilkunde selbst. Es handelt sich um keine Spezialität, sondern um eine Betrachtungsweise, die alle Disziplinen der Medizin ... betrifft; eine Betrachtungsweise, die nicht etwa dem Körperlichen weniger, sondern dem Seelischen mehr Beachtung schenkt". Und so definiert von Rad die Psychosomatik als „die Wissenschaft und Heilkunde von den gegenseitigen Beziehungen psychosozialer und körperlicher Vorgänge in ihrer Bedeutung für Gesundheit und Krankheit von Menschen".

Medizinhistorisch von großer Relevanz ist Platos bekannter, früher Dialog Charmenides, in dem Sokrates einem jungen Mann, der an Kopfweh leidet, sagt, daß man, wenn es den Augen wieder gut werden solle, den ganzen Leib, und wenn es diesem gut gehen solle, auch den Leib nicht ohne die Seele behandeln dürfe: „denn von der Seele geht alles aus, sowohl Gutes als Böses, für den Körper und den ganzen Menschen". Die Seele aber müsse durch „gute Reden" behandelt werden.

Erstmals wurde der Terminus „psychosomatisch" von Heinroth 1818 gebraucht: Heinroth versuchte als Vertreter der romantischen Medizin viele körperlichen Erkrankungen aus den „sündhaften Leidenschaften" des Menschen zu erklären. Trotz dieser moralisierenden Grundstimmung initiierte Heinroth mit dem psychosomatischen Paradigma eine Gegenbewegung zu dem vorherrschenden Leib-Seele-Dualismus, der in der manichäischen Tradition des abendländischen Denkens wurzelt.

Lange Zeit, ja bis in die jüngste Vergangenheit, wurde „psychosomatisch" weitgehend mit „psychogen" gleichgesetzt; der Patient wurde stigmatisiert, als ob er sich seine Störungen – und somit seine Not – nur einreden oder einbilden würde.

Die Rat- und Hilflosigkeit einer positivistischen, organisch ausgerichteten Medizin manifestierte sich besonders dadurch, daß nun alle jene Krankheitsbilder „psychosomatisch" benannt wurden, bei denen die technische Durchuntersuchung keinen pathologischen Befund erbrachte.

Das Fehlen eines zellulären Substrates verschiedener Erkrankungen – Herzbeschwerden, Magen-Darm-Störungen und Kopf- und Rückenschmerzen – legte eine Störung der Funktion nahe und begründete den Terminus „funktionelle Störungen". Diese Überlegungen beschränkten die psychosomatische Medizin auf die bekannten „heiligen Sieben":

- Asthma bronchiale,
- Ulcus pepticum,
- Colitis ulcerosa,
- essentielle Hypertonie,
- Neurodermitis und bestimmte allergische Reaktionen,
- primär chronische Polyarthritis und
- Hyperthyreose.

Diese Klassifikationskriterien sind in der modernen psychosomatischen Medizin längst verlassen: weder erlaubt ein fehlender pathologischer Organbefund noch die Zugehörigkeit zu einer bestimmten Diagnosegruppe, bei der sich häufig psychosoziale Störwirkungen als relevante ätiopathogenetische Faktoren finden, die Etikettierung „psychosomatische Störung". Nicht alle Asthmatiker oder Kolitispatienten sind psychosomatisch krank; vielen klassischen internistischen Erkrankungen, der koronaren Herzerkrankung, verschiedenen Infektionserkrankungen und Karzinomen liegen andererseits gravierende, verlaufbestimmende psychosoziale Faktoren zugrunde.

Alle für Erfahrung und Verhaltensweisen relevante Umweltreize müssen in neuronale Aktivität umgewandelt werden: dadurch verursachen sie entweder passagere oder bleibende Veränderungen auf psychobiologischer Ebene. Darüber hinaus beeinflußt jede afferente neurale Aktivität verschiedene zentralnervös vermittelte viszerale und neuroendokrine Abläufe und interferiert in jene Systeme, die die Aktivation und Motivation steuern. Letztere sind für die psychobiologische Organisation von erstrangiger Bedeutung.

Eine Synthese der phänomenologisch-deskriptiven Beobachtung und der psychophysiologischen Untersuchung ist selbst im hypothetischen Rahmen noch nicht möglich, sie wird aber mit größter Wahrscheinlichkeit auf der Ebene zellulärer neuraler Prozesse versucht werden müssen. Immer sollten wir uns an den multikausalen Ansatz erinnern: immer werden Konstitution, Disposition, Charkerstruktur und situative Belastung, sei es durch Substratstörung oder psychosoziale Umstände und deren Bewertung in ihrer Gesamtheit bestimmen, welches Symptom entsteht.

Thure von Uexküll, George Engel und Herbert Weiner haben in einer Reihe von klinisch-empirischen, tierexperimentellen und theoretischen Studien den biopsychosozialen Aspekt der Erkrankung dargestellt und damit das Selbstverständnis einer modernen Psychosomatik geprägt (M. von Rad 1983).

Die Multikausalität einzelner Erkrankungen, die Vernetzung verschiedenster Faktoren legen mehrere pathogenetische Theorien und daraus abzuleitende therapeutische Handlungsweise als gleichberechtigt nahe.

Darüber hinaus zeigt das Shift-Syndrom, der Wechsel von psychosomatischer Erkrankung zu endogenen Verstimmungen, die künstliche Trennung zwischen organischen und psychischen Krankheiten auf. Wechselbeziehungen von psychosomatischen und somatopsychischen Veränderungen nachzuweisen ist ebenso dringlich wie in der Therapie eine Vielfalt zu suchen, die durch die Multikausalität der Erkrankung vorgegeben ist.

In der psychosomatischen Medizin steht das als Person nicht mehr reduzierbare Individuum mit seinen biographischen Gegebenheiten, seiner Vergangenheit, seiner Erlebnisse und seinen Zukunfserwartungen im Zentrum des Interesses: „die Einführung des Subjektes in die Pathologie bzw. in die Medizin" (Viktor von Weizsäcker 1940) scheint in der Gegenwart zu gelingen. Die moderne psychosomatische Medizin bemüht sich heute – nachdem einer seelenlosen Körpermedizin zunächst eine körperlose Seelenheilkunde als Heilmittel entgegengestellt worden war – als integrierte Psychosomatik um einen ganzheitlichen biopsychosozialen Ansatz (von Rad 1983).

In diesem Sinne ist nach Lipowski (1977) die psychosomatische Medizin

- eine Wissenschaft von den Beziehungen biologischer, psychologischer und sozialer Determinanten in Gesundheit und Krankheit,

- ein Zugang zur medizinischen Praxis, der den Einfluß psychosozialer Faktoren bei der Untersuchung, Prävention, Diagnostik und Behandlungen aller Erkrankungen befürwortet,
- eine klinische Tätigkeit im Zwischenbereich von Medizin und Verhaltenswissenschaft.

Nach Krehl gibt es eine Unzahl psychosomatisch Kranker, aber keine psychosomatischen Krankheiten. Von Rad bezeichnet diesen letztgenannten Begriff trotz der häufigen Anwendung als obsolet.

Psychosomatisch oder psychophysiologisch bedingte Störungen scheinen im DSM III der American Psychiatric Association unter der Bezeichnung „psychische Faktoren mit Einfluß auf den körperlichen Zustand" auf.

Zu den diagnostischen Kriterien wird folgendes gerechnet:

- psychisch bedeutsame Umweltreize im zeitlichen Zusammenhang mit dem Beginn oder der Exazerbation eines körperlichen Zustandes (verschlüsselt auf Achse III);
- dem körperlichen Zustand liegt entweder ein nachweisbarer pathologischer Organbefund, z.B. rheumatoide Arthritis oder ein bekannter pathophysiologischer Prozeß (z.B. Migräne, Kopfschmerzen, Erbrechen) zugrunde;
- der Zustand ist nicht durch ein Somatisierungssyndrom bedingt.

Diese Definition läßt sich schlußendlich auf die von Viktor von Weizsäcker gestellte Frage: „Warum gerade hier, warum gerade jetzt?" zurückführen.

Auf der kognitiven Ebene wirkt die Theorie von James-Lange bis in die Gegenwart: nach ihr beruht das emotionale Erleben auf der Wahrnehmung körperlicher Zustände.

Viele ungeklärte Fragen ranken sich um diese Theorie, wie beispielsweise die *Spezifität von Emotionen,* die in Abhängigkeit vom Ausmaß der Höhe peripherer physiologischer Aktivierung unter Berücksichtigung der Umgebungssituation gesehen werden müssen (Schachter u. Singer) sowie *die Valenz* von entweder positiv oder negativ wahrgenommenen Emotionen, die in die Entscheidungsprozesse einmünden oder *die Verarbeitungsweisen von Emotionen,* die durch die bewertende Erwartung (Brady), die Möglichkeiten zu adaptivem Verhalten, den Neuheitsgrad der Emotion und durch Metaprobleme beeinflußt werden.

Die bei vielen psychosomatischen Patienten feststellbaren Ich-Störungen mündeten in neuen Forschungsansätzen; die Wichtigkeit des subjektiven Erlebens des psychosomatisch Kranken führte zur Untersuchung gemeinsamer Persönlichkeitsmerkmale vieler psychosomatisch Kranker.

Ferenczi beschrieb 1924 „einen Menschentypus, der sich in der Analyse wie auch im Leben besonders phantasiearm gebärdet, Menschen, an denen die eindrucksvollsten Erlebnisse spurlos vorbeizugehen scheinen. Solche sind imstande, in der Erinnerung Situationen zu reproduzieren, die nach unserer Schätzung in jedem Menschen notwendigerweise heftige Affekte oder innerliche Ausdrucksbewegungen hätten erwecken müssen, ohne auch nur die Spur solcher Reaktionen zu fühlen oder zu äußern". Ruesch beobachtete als erster 1948, daß diese Kommunikationsmuster häufig bei psychosomatischen Patienten auftreten: In seiner Beschreibung der "infantile personality" nahm er vieles vorweg, was Sifneos 1973 mit dem Begriff der Alexithymie umschrieb, auf den ich näher eingehen möchte. Alexithymie bezeichnet eine bestimmte kognitiv-affektive Kommunikation- und Verhaltensweise von Menschen, die sich insbesondere in der Beeinträchtigung der emotionalen Erlebnis- und Ausdrucksfähigkeit, in Phantasiearmut und in sozialer Überangepaßtheit manifestiert (von Rad).

Im Unterschied zur französischen psychosomatischen Schule um Marty, die sich dem operativ-automatistischen Denken widmete, findet die amerikanische Schule von Nemiah und Sifneos besonders die Unfähigkeit zum verbalen Gefühlsausdruck als das Wesentliche des psychosomatisch Kranken.

Solche Menschen können kaum Gefühle mit Worte ausdrücken, sie beschreiben minutiös die äußeren objektiven Bedingungen bzw. die körperlichen Beeinträchtigungen, ohne deren gefühlsmäßige Relevanz auch nur zu erwähnen. Häufig können verschiedene Gefühlsqualitäten nicht unterschieden werden. Die eigene Verfassung wird vielfach nur aus der Reaktion der Umgebung erschlossen, das Verhalten wirkt folglich hölzern und steif.

Das Denken und das Erleben der Betroffenen wendet sich ausschließlich auf die ihn umgebende Realität, so daß sie als starr, ja schablonenhaft erscheinen. Die Gefühlswelt ist verkümmert, das Hauptaugenmark wird auf die konkrete Tat gesetzt. Dies erklärt auch den beruflichen Erfolg vieler dieser Menschen.

Psycholinguistische Studien weisen auf eine magere, dürftige Sprache hin. Auch hier ist alles auf Funktionalität ausgerichtet. Die erwähnte Ich-Störung führte dazu, daß Shands von einer "disorder of individuation" berichtete.

Das bisher Erwähnte macht verständlich, daß diese Menschen Bezugspersonen brauchen, sich eng an ihre Umgebung, beispielsweise ihren Ehegatten binden, ja in eine starke Abhängigkeit davon geraten. Aufgrund des mangelnden Selbstwertgefühls erlebt der Betroffene die Umgebung als dauernde Gefährdung und Bedrohung. Auf Verlusterlebnisse reagiert er besonders anfällig.

Dadurch wird jedoch auch wiederum verständlich, daß eine symbiotische Beziehung eine Stabilität bewirkt. Um dieses System nicht zu gefährden, neigt der Betroffene zu Kompromissen und meidet Auseinandersetzungen. McDaugal bezeichnete dieses Verhalten als „pseudonormal" oder übernormal.

Unbeteiligt erscheint der Alexithymiker auch seinen körperlichen Funktionen gegenüber, er imponiert vorwiegend als unbeteiligter Zuschauer.

Der Zusammenhang zwischen Alexithymie und psychosomatischen Erkrankungen konnte durch M. von Rad durch empirische Untersuchungen bestätigt werden. Alexithyme Radikale finden sich aber auch in der Persönlichkeitsstruktur von nichtpsychosomatisch Erkrankten. Alexithymes Verhalten scheint somit vor allem einen unspezifischen Risikofaktor für somatische Krankheiten auszumachen.

Pathoätiologisch werden genetische Bedingungen, hirnorganische Störungen, soziologische oder entwicklungsgeschichtliche Faktoren erwähnt. Die Frage, ob das erwähnte Verhalten als primäres Defizit oder als Abwehr zu interpretieren ist, wird verschieden beantwortet. Alexithymes Verhalten scheint insgesamt doch eine gemeinsame Endstrecke darzustellen und somit verschiedentlich erklärbar und demzufolge unterschiedlichen Therapien zuzuführen zu sein.

Die verschiedenen Möglichkeiten der Betrachtungsweise im Rahmen der Befunderhebung verglich der Psychoanalytiker und Familientherapeut Stierlin mit einem Teleskop: beim Fernrohr mit seinen verschiedenen Brennweiten werden unterschiedliche räumliche Ebenen jeweils scharf eingestellt. Näherliegendes und räumlich Entfernteres wird unscharf zugunsten einer möglichst genauen bildlichen Darstellung einer bestimmten Entfernung. Das Teleskop im Rahmen der Psychiatrie ist die Psychopathologie, ist der psychopathologische Status: seinen unterschiedlichen Brennweiten entsprechen die einzelnen Kriterien menschlicher Ausdrucks- und Verhaltensweisen. Die Psychopathologie ordnet und strukturiert die Erkenntnisse und führt über diagnostische Überlegungen zu therapeutischen Handlungsanweisungen.

Gegenstand der Psychiatrie ist jeweils der ganze Mensch in seiner Werdensgeschichte.

„Voraussetzung jeder wirksamen Hilfe für Kranke ist eine genaue Analyse ihrer Krankheitsbilder; aber erst die Synthese der analytisch gewonnenen Resultate zeigt dem Arzt den Weg zum Helfen" (T. von Uexküll).

Literaturauswahl

Biebl W (1987) Anorexia nervosa. Enke, Stuttgart

Biebl W, Hinterhuber H (1988) Zentrale Neurotransmitter und ihre Bedeutung bei Eßstörungen. In Druck

Engel GL (1977) The need for a new medical model: A challenge to biomedicine. Science 196: 129

Hinterhuber H (1982) Epidemiologie psychiatrischer Erkrankungen. Enke, Stuttgart

Hinterhuber H, Biebl W (1988) Psychosomatische Aspekte psychotischer Erkrankungen. In Druck

Klußman R (1986) Psychosomatische Medizin. Springer, Berlin Heidelberg New York Tokyo

Marty P, M'Uzan M, de David C (1963) L-investigation psychosomatique. Presses Universitè De France, Paris

Platon (1977) Charmenides. Reclam, Stuttgart

Rad M von (1983) Alexithymie - Empirische Untersuchungen zur Diagnostik und Therapie psychosomatisch Kranker. Springer, Berlin Heidelberg New York Tokyo

Shands HC (1958) An approach to the measurement of suitability for psychotherapy. Psychiatr Q 32: 1-22

Sifneos PE (1973) The prevalence of "alexithymic" characteristics in psychosomatic patients. Psychother Psychosom 22: 255-263

Uexküll T von (Hrsg) (1985) Lehrbuch der Psychosomatischen Medizin. Urban & Schwarzenberg, München

Weiss E, English OS (1943) Psychosomatic medicine. Saunders, Philadelphia

Wesiack W (1984a) Grundzüge der psychosomatischen Medizin. Springer, Berlin Heidelberg New York Tokyo

Wesiack W (1984b) Psychosomatische Medizin in der ärztlichen Praxis. Urban & Schwarzenberg, München

Charakterstruktur – Bewertung der Situation – Streßeinfluß auf die Prognose

W. Biebl

Unter Charakter wird die habituelle Form von Verhaltensweisen verstanden, die insgesamt einem Individuum eigen sind. Daraus entsteht eine Voraussagbarkeit von Bewältigungsmechanismen und oder bevorzugten Abwehrmechanismen in Belastungssituationen. Vaillant u. Drake (1985) publizierten eine Untersuchung, in der der Frage nachgegangen wurde, welche Verhaltensweisen – sowohl bewußt wie unbewußt – günstig für Männer zwischen 50 und 60 Jahren im Hinblick auf die Gesundheit seien. Sie fanden 3 Charaktereigenschaften: die Fähigkeit zum Humor, die Fähigkeit bei Problemen auch die Alternativen durchzudecken, die Fähigkeit zu Altruismus. Nachteilig für die Gesundheit waren unreife Abwehrmechanismen wie Splitting, Projektion und Acting out.

Die Arbeitsgruppe Berles (1952) fand eine günstige Prognose bei Erkrankungen bei folgenden psychosozialen Kriterien: Der jeweilige Mensch ist in religiösen und ideologischen Fragen – also in Über-ich- und Ideal-ich-Funktionen – flexibel, er neigt dazu auf ihn zukommende Ereignisse sowie Erkrankung eher als Herausforderung und nicht als Schicksalsschlag passiv zu erleiden, oder als Makel zu empfinden.

Es kam zu keinem bedeutsamen Objektverlust einer Bezugsperson vor dem 15. Lebensjahr.

Eine große prospektive Untersuchung an Erkrankten von Querido (1959) zeigte, daß der beste Prognosefaktor für eine Besserung einer Erkrankung das Vorhandensein von sozialer Unterstützung bzw. die Fähigkeit ist, von sozialer Unterstützung Gebrauch machen zu können.

Diese Daten, die bei Menschen mit unterschiedlicher genetischer Ausstattung, mit unterschiedlichen Erkrankungen und unterschiedlichen psychosozialen Reifungsbedingungen gewonnen wurden, zeigen wie sehr die psychische Verfasung im „Hier und Jetzt" d.h. welche Abwehrmechanismen und welche Bewältigungsmechanismen zur Verfügung stehen – ausschlaggebend ist, für den Verlauf bzw. für die Prognose einer Erkrankung.

Ungünstig ist demnach eine Senkung des Selbstvertrauens, eine im weiten Sinne des Wortes starre ideologische Haltung, die Neigung etwas daraufankommen zu lassen, oder im Gegenteil einseitig erzwingen zu wollen, die reale Einsamkeit bzw. die seelische Haltung, sich nicht mitteilen zu können oder zu wollen.

Die eben erwähnten Untersuchungsergebnisse sind sehr einfach, fast banal, wenn differenziertes Therapiewissen einzelner Schulen dagegengestellt wird. Jedoch sind die Ergebnisse einer erfolgreichen Psychotherapie im Vergleich mehrerer Schulen gleichfalls banal (nach Luborsky et al. 1980):

1. Der Therapeut muß Menschen mögen.
2. Patient und Therapeut müssen das Gefühl haben miteinander etwas Sinnvolles zu tun.
3. Der Therapeut soll einen Behandlungsweg (unabhängig von der therapeutischen Richtung) mit einer gewissen Konsequenz zu gehen imstande sein.

Nach dem heutigen Wissensstand scheint die Bevorzugung bestimmter Abwehrmechanismen genetisch fixiert zu sein. Es scheint, daß im Rahmen der psychophysischen Entwicklung bestimmte Abwehrmechanismen jeweils zu bestimmten Reifungszeitpunkten bevorzugt werden. Es gibt zahlreiche Hinweise dafür, daß psychosoziale Umgebungsbedingungen modifizierend auf die genetische und konstitutionelle Ausstattung des Verhaltensrepertoires einwirken. Letzteres soll für die Psychotherapie das Betätigungsfeld sein. Neben der erwähnten Bedeutung von Abwehrmechanismen, unbewußt einsetzenden Kräften zur Entlastung des bewußten Ichs, sind die Bewertungen eines Individuums in einer definierten Situation ausschlaggebend. Bewertungen – etwa neu oder vertraut, Angst machend oder angenehm, bewältigbar oder überfordernd – entscheiden über das in-Gang-kommen von Lernverhalten, Art des Selbstvertrauens oder Panik und Hilflosigkeit.

Männliche Affen, die in Gruppen gehalten werden, zeigen eine starre Rangordnung. Ranghohe Tiere erweisen sich in aktiven Vermeidungsexperimenten kompetent und wenig überfordert. Hingegen sind für rangniedrige Tiere Versuchsanordnungen mit passiven Vermeidungsexperimenten wenig aufregend. Werden hingegen ranghohe Tiere passiven Vermeidungsexperimenten und rangniedrige Tiere aktiven Vermeidungsexperimenten ausgesetzt, dann reagieren diese Tiere sehr aufgeregt und lernen schlecht. Dies zeigt, daß die soziale Identität eines Tieres in der Gruppe Teil einer Haltung gegenüber Lernvorgängen generell ist und nicht ein isoliertes Phänomen (Rose 1984).

Bei psychisch gesunden Menschen werden wir derartige Verhaltensrigidität nicht finden. Bei Menschen in subjektiv großen Belastungssituationen oder bei Menschen mit starren Charakterstrukturen (etwa bei der Neurose oder Persönlichkeitsstörung) gibt es eine vergleichbare schablonenartige Fixierung. Dieser Mangel an Flexibilität im psychischen Verhalten macht konsequenterweise anfällig für psychophysische Überforderungen.

Der Reiz, der Bewältigungskräfte mobilisiert, also der Stressor, setzt eine Reaktion in Gang, die allgemeine Streßreaktion. Diese Streßreaktion bleibt nur so lange allgemein, bis ein Bewältigungsziel erkannt und angestrebt wird. Je spezifischer dieses Bewältigungsziel und je kompetenter das eingeübte Bewältigungsverhalten im Laufe der Wiederholungen ist, um so mehr reduziert sich die Streßreaktion bis hin zur Aktivierung auf einen Reiz.

Die Bewertung einer Situation, somit auf die Reaktion auf einen Reiz ist abhängig von den Vorerfahrungen und dem Vorhandensein von adäquaten Verhaltensweisen. Dies zeigt anschaulich der Dual-Effekt des Gehirns (Grastyan 1968): Dieser trainierten Katzen, denen eine Elektrode im Dienzephalon implantiert wurde, in einem Käfig eine Türe zu öffnen, wenn ihnen in einer Käfighälfte ein elektrischer Stromstoß versetzt wurde, und in die andere Käfighälfte hinüberzuwechseln, in welchem keine elektrischen Reize ausgelöst wurden. Nachdem die Katzen dieses aktive Vermeidungsexperiment erlernt hatten, wurden sie in dem Käfig sitzend über die im Dienzephalon implantierten Elektroden stimuliert. Wurde diese Stimulation in der „gefährlichen" Käfighälfte gegeben, wechselten die Tiere durch die Türe in die „ungefährliche" Hälfte des Käfigs. Wurden die Tiere jedoch in der „ungefährlichen" Käfighälfte stimuliert, legten sie sich nieder und ruhten. Dieser Versuch zeigt anschaulich, wie die Tiere den Stimulus mit der Realität der jeweiligen Käfighälfte in Verbindung brachten, daß sie also eine Bewertung der Gesamtsituation durchführten.

Menschen in Belastungssituationen werden gleichfalls ihren Bewertungen entsprechend handeln. Das Ziel mitmenschlicher Einflußnahme ist es, diese Bewertungen kennenzulernen, die daraus entstehenden Konsequenzen durchzudenken und falls erforderlich, neue Lernerfahrung zu vermitteln.

Der Tierversuch von Grastyan (1968) zeigt auch die ständige Erprobung von Vorerfahrung, Bewältigungsrepertoires und eingesetzten Abwehrmechanismen im „Hier und Jetzt", d.h. die Abhängigkeit des Individuums von Umweltbedingungen. Beim Menschen wird besonders deutlich, daß eine Reizabschirmung nicht gleichbedeutend ist mit adäquater Problembewältigung. Als Beispiele seien hier angeführt: die Frau, die einen Knoten in der Brust entdeckt, ihn jedoch wieder vergißt und erst nach längerer Zeit zum Arzt geht; der Raucher, der stets aufs neue vergißt, welchen Schaden der Zigarettenkonsum bedeutet etc. Das subjektive Gefühl des Bedrohtseins wird abgewehrt, die erforderlichen Bewältigungsschritte nicht getan.

Es gibt zahlreiche Umweltbedingungen, in denen es deutlich wird, wie fragwürdig einseitige Stellungnahmen sind. Ursin u. Murison (1984) publizierten folgende Ergebnisse, die das Dilemma zwischen Reizabschirmung versus adäquater Reizbewältigung aufzeigten: Erfolgreiche Piloten der schwedischen Luftwaffe und Kampftaucher zeigen gute situative Bewältigung und weniger erfolgreiche passive Reizabschirmung.

Dieses Beispiel zeigt, daß Abwehrmechanismen evtl. von Bewältigungsverhalten getrennt sind, ja einander widersprechen. In der Beurteilung von psychisch gesund versus gestört, jedoch auch von körperlich adäquatem Reagieren im Gegensatz zum Problemlösungsverhalten gibt es daher keine absoluten Richtlinien. Stets wird das Individuum in seiner jeweiligen Umgebungssituation und Bewältigungsanforderung zu beurteilen sein.

Literatur

Berle BB, Pinsley TH, Wolf S, Wolff HG (1952) Berle Index: A clinical guide to prognosis in stress diseases. JAMA 149: 1624–1628

Grastýan E (1968) Commentary. In: Gellhorn E (ed) Biological foundations of emotion. Scott-Fresman, Evanston, Ill., pp 114–127

Luborsky L, Mintz J, Averbach A et al. (1980) Predicting the outcomers of psychotherapy. Findings of the Penn psychotherapy project. Arch Gen Psychiatry 37: 471–481

Querido A (1959) Forecast and follow-up: An investigation into the clinical, social and mental factors determining the results of hospital treatment. Br J Prev Soc Med 13: 33–49

Rose RM (1984) Overview of endocrinology of stress. In: Brown GM, Koslow ST, Reichlin S (eds) Neuroendocrinology and psychiatric disorder. Raven Press, New York

Ursin H, Murison RCC (1984) Classification and description of stress. In: Brown GM, Koslow ST, Reichlin S (eds) Neuroendocrinology and psychiatric disorder. Raven Press, New York

Vaillant GE, Drake RE (1985) Maturity of ego defenses in relation to DSM-III, Axis II Personality disorders. Arch Gen Psychiatry 6: 597–601

Pragmatische Psychotherapie unter besonderer Berücksichtigung des autogenen Trainings

H. PROKOP

Dieser Beitrag soll die Bedeutung der pragmatischen Psychotherapie ins rechte Licht rücken. Zu den pragmatischen Psychotherapien lassen sich autogenes Training, Hypnose, verwandte Methoden und z. T. auch das katathyme Bilderleben zählen. Hier soll nur auf das autogene Training (A. T.) eingegangen werden. Die anderen pragmatischen Psychotherapien sollen später Erörterung finden.

Die analytischen Methoden haben, einerlei ob es sich um Psychoanalyse, analytische Psychologie oder Individualpsychologie handelt, den Anspruch geltend gemacht, die Gesamtpersönlichkeit zu behandeln. Für manche sind diese tiefenpsychologischen Richtungen zu einer Weltanschauung, soweit es um die Psychoanalyse geht sogar zu einer Art von Religionsersatz geworden. Die Ausstrahlung dieser Ideologie hat die Grenzen der Psychotherapie gesprengt. Die Auswirkungen auf die Gesellschaft blieben nicht aus. Diese lassen sich keineswegs lediglich in einem positiven Licht sehen.

Auch das A. T. spricht die gesamte Persönlichkeit an. Ein ideologischer Anspruch wurde aber nie geltend gemacht. Der ärztliche Rahmen wurde nie gesprengt. Eben weil der ideologische Hintergrund fehlt, hat man aus tiefenpsychologischer Sicht das A. T. abgewertet und es lange Zeit zu einer zweitgradigen Psychotherapie degradiert.

Man kann es aber auch anders sehen, ja man muß es nüchtern anders betrachten. Eben weil der ideologische Hintergrund fehlt, ist das A. T. eine der wenigen Psychotherapien, die den ärztlichen Bereich nie verlassen haben. Die praktische Bedeutung kann man jedoch gar nicht hoch genug schätzen. Erfahrene Therapeuten weisen handfeste Behandlungserfolge bei Neurosen und psychosomatischen Krankheiten nach, die auch diejenigen der Psychoanalyse oft übertreffen können. Die Erfüllung des Postulats der Psychoanalyse nach einer weitgehenden Heilung sind noch immer – nach mehr als 80jährigem Bestand – ausgeblieben. Das heißt nun nicht, daß man auf die analytische Methode verzichten könnte oder sollte. Auch Patienten, die man mit pragmatischer Psychotherapie behandelt, bedürfen selbstverständlich analytisch orientierter Gespräche, um die Wirkung der Behandlung noch besser zum Tragen zu bringen. Bescheidenheit hinsichtlich der Erfolge ist im Bereiche der gesamten Psychotherapie am Platze. Die von der Öffentlichkeit und den Massenmedien in ihrem ideologischen Anspruch bestärkte Psychoanalyse hat – bis jetzt – diese gebührende Bescheidenheit noch nie gezeigt.

Aber auch das A. T. verlangt, wenn man es gezielt und an individuelle Bedürfnisse angepaßt einsetzen will, eine jahrzehntelange Erfahrung. Freud (1952) hat mit seinem Eintreten für die Laienanalyse dem Arzttum – zumindest über eine lange Frist –

einen nicht mehr gutmachbaren Schaden zugefügt. Der Anspruch, Psychoanalyse machen zu dürfen, war lediglich an eine Ausbildung in Psychoanalyse gebunden. Ein medizinisches und psychiatrisches Grundlagenwissen wurde aber leider als entbehrlich angesehen, ja mit einer ideologischen Abwertung versehen. Man braucht nur manche Mitarbeiter Freuds betrachten (z. B. Lou Andreas-Salome u. a.) denen jegliche medizinische Kenntnisse abzusprechen waren. Die Diagnostik – sogar wo es um Psychosen oder Depressionen ging – wurden als eine antiquierte und überflüssige Beurteilungsform eingestuft.

Leider ist ein ähnliches Einsickern von Personen, die keine ausreichende medizinische Grundlage besitzen, nicht nur im Bereiche der Analyse zu sehen. Auch im Bereiche des autogenen Trainings – sogar bei der Handhabung von Organübungen – glauben viele Laien, denen es an jeder Vorbildung gebricht, A. T. nicht nur vermitteln, sondern sogar als Therapieinstrument verwenden zu dürfen. Die Richtlinien der ärztlich orientierten Psychotherapiegesellschaften haben leider in die Gesetzgebung keinen Eingang gefunden, so daß dem „Laien" Tür und Tor geöffnet sind. Es wird sich auch hier – will man das autogene Training nicht abwerten, versimpeln und inflationieren – als unerläßlich erweisen, klare Richtlinien festzulegen, diese in der Gesetzgebung zu verankern und auch mit einem gewissen Mut dafür zu sorgen, daß diese Methode im ärztlichen Bereich bleibt. Außerhalb desselben sollte es ausschließlich solchen Personen (z. B. gut ausgebildeten Psychologen) vorbehalten sein, die eine angemessene, näher zu umreißende Ausbildung nachweisen können. Die Ausbildung in Psychiatrie und Psychosomatik darf jedenfalls nie zu kurz kommen. Die Psychiatrie hat Dank der Mithilfe der Psychoanalyse eine gewisse Abwertung erfahren, die wieder rückgängig gemacht werden muß.

Die Anhänger von J. H. Schultz (1976) haben am wenigsten den Anspruch gestellt, Schultzianer im engeren Sinn sein zu wollen, also nur A. T. zu betreiben. Das wollte übrigens auch Schultz nicht, der für Tiefenpsychologie und andere Psychotherapieformen weit aufgeschlossen war. Man kann geradezu die Anhänger der pragmatischen Psychotherapie als liberal in gutem Sinne bezeichnen. Allmählich ist es zu einem Brückenschlag zwischen den einzelnen Psychotherapieformen gekommen, so daß nicht mehr nur der eigenen Richtung Anerkennung gezollt wird.

Einem weiteren Vorurteil ist entgegenzutreten, den Wirkungsmechanismus des A. T. lediglich als Suggestion oder Selbsthypnose einzustufen zu wollen. Wenn auch – historisch gesehen – das A. T. von der Hypnose abgeleitet wurde (sowie auch die Psychoanalyse von der Hypnoanalyse), so gibt es doch eine Anzahl weiterer Wirkungsmechanismen, die nicht minder bedeutungsvoll sind.

Der bedingte Reflex, der im Rahmen des A. T. allmählich zu einer Automation der Umschaltvorgänge führt, ist besonders im psychosomatischen Bereich ein wichtiger therapeutischer Faktor. In dieser Betrachtungsweise läßt sich das A. T. durchaus auch als ein psychosomatisches Verfahren bewerten, lassen sich doch die psychosomatischen Krankheiten auch als Ergebnis negativ bedingter Reflexe auffassen.

Besonders muß auf die Bedeutung des A. T. in der Gesundheitsvorsorge, der Prävention und der Psychohygiene hingewiesen werden. Auch hier hat die Psychoanalyse nicht das gehalten, was sie versprochen hat.

Schließlich darf auch der tiefenpsychologische Effekt des A. T. nicht vergessen werden, der sich keineswegs nur auf die Oberstufe beschränkt. Die Persönlichkeitsentfaltung, die mit dieser Entspannungstechnik verbunden ist, begünstigt das Fallen neurotischer Sperren, die dem Traumerleben entgegenstehen. Immer wieder geben manche Patienten an, erstmals in ihrem Leben nun Träume behalten zu können. Es steht außer Zweifel, daß durch A.T. die Verbindung zum Unbewußten inniger wird, so daß auch schöpferische Elemente besser hervortreten können. Darüber hinaus stellen Erholung, Streßabbau, Verzicht auf Tranquilizer und Schlafförderung ohne Schlafmittel weithin bekannt gewordene Indikationen dar.

Der materielle Zeitgeist offenbart sich auch darin, daß den Umweltschäden durch Boden-, Luft- und Wasserverschmutzung wenigstens einigermaßen Aufmerksamkeit gezollt wird. Gänzlich werden aber die „Umweltneurosen" vergessen. Unter „Umweltneurosen" habe ich schon vor Jahren die Auswirkungen unseres Lebensstils und unserer Hektik auf unsere Erholungsfähigkeit beschrieben. Vegetative Störungen, Leistungsabfall, Depressionen, Schlafstörungen und ein Versiegen des schöpferischen Elementes lassen sich als typische Symptome dieser Umweltneurosen bezeichnen. Das A.T. kann hier als eine geradezu unersetzbare Methode, um diese Schäden zu vermindern oder ihnen vorzubeugen, gelten. Die Palette der Anwendungen im Bereiche der Neurosen und psychosomatischen Störungen ist so weit gespannt, daß hier kaum eine bruchstückweise Erörterung stattfinden kann. Nur einiges möge herausgegriffen werden:

A.T. führt in nützlicher Frist bei Prüfungsneurosen – wir verfügen über eine 4stellige Zahl von Studenten – zu ganz hervorragenden Erfolgen.

Bei Patienten mit langjähriger Colitis ulcerosa lassen sich nach eigenen Erfahrungen Heilungen auf Dauer erreichen, wenn A.T. mit analytisch orientierten Gesprächen kombiniert wird.

Der Segen des A.T. in der Geburtshilfe ist den Frauenärzten, die damit umgehen können, wohlbekannt.

Unerläßlich ist es auf die nur mit dem A.T. mögliche „Mobilisierung von Restfunktionen" einzugehen. Hier begibt man sich in ein Feld wunderschöner ärztlicher Aufgaben. Die Möglichkeit, Menschen, die mit bleibenden Behinderungen leben müssen, zu helfen, ist lohnend. Die Funktionen, die noch erhalten sind, lassen sich ausbauen. Dazu gesellt sich noch der zweite wichtige Gesichtspunkt: Der Patient vermag sich selbst zu helfen. Er kann sich psychisch beeinflussen, Mut machen, seine Leistungsfähigkeit anheben und sein ihm auferlegtes Schicksal besser ertragen. Er kann dem, was Beethoven mit dem Satz meinte „ich will dem Schicksal in den Rachen greifen, ganz umbringen soll es mich gewißlich nicht" besser gerecht werden. Bei Lungentuberkulose, Leberschäden, Zuständen nach Herzinfarkt, nach Gehirnkontusionen, nach Querschnittslähmung, bei Restzuständen nach multipler Sklerose, ja sogar bei Halbseitenlähmungen nach apoplektischen Insulten ist der Einsatz des A.T. möglich. Zumindest ist es möglich, bei der letztgenannten Indikation Durchblutungsveränderungen zu erreichen und Kontrakturprophylaxe zu betreiben.

Zwei Drittel der Patienten, die zum Arzt kommen, leiden mehr oder weniger an chronischen Erkrankungen. Auch diese bleiben nun von einer Psychotherapie nicht mehr ausgeschlossen.

Es ist bekannt, daß das A.T. in Form von Gruppentherapie bei Gruppen von Menschen mit gleichen Leiden oder zumindest mit Leiden im gleichen Organbereich besonders wertvolle Dienste leistet. Wird vom behandelnden Arzt etwa eine Gruppe von Patienten mit Hypertonie, Lungenkrankheiten, abdominellen Problemen oder mit Erkrankungen aus dem rheumatischen Formenkreis zusammengestellt, bildet das

A. T. sicher ein wichtiges Element in der Gruppensituation. Es wird in den anschließenden Gesprächen dann auf zahlreiche zusätzliche Probleme eingegangen, z. B. auf Diät, Lebensführung, Familie und Beruf. Der Patient hat nun endlich einmal die Möglichkeit auch außerhalb der Sprechstunde zu seinem Arzt eine intensivere Bindung gewinnen zu können, die sich auf die Übertragung und den Heilungserfolg günstig auswirkt.

Bei Nikotinsucht ziehe ich zwar die Hypnose vor, doch gibt es genügend Patienten, die auch mit dem A. T. ihr Ziel der totalen Abstinenz erreichen.

Auch die Bedeutung des A. T. bei Alkoholikern wurde in einem von mir aufgebauten Entwöhnungsheim für Alkoholiker sichtbar. Hier muß man allerdings Schwierigkeiten zugeben. Diese bestehen nicht darin, daß der Alkoholiker das A. T. nicht mühelos lernt. Sie zeigen sich aber darin, daß viele Alkoholiker das A. T. nicht regelmäßig beibehalten. Man muß also viel Konsequenz und Mühe aufwenden, um die Patienten zu veranlassen, das A. T. nicht mehr aufzugeben.

Einige Worte noch zur Oberstufe des A. T.: Es ist heute nicht mehr umstritten, daß die Oberstufe des A. T. eine tiefenpsychologisch orientierte Methode ist. Beim Eingehen auf die Oberstufe mögen nur deren Besonderheiten, die sich von anderen Psychotherapieverfahren abgrenzen, skizziert werden.

Unter den verschiedenartigen Gesichtspunkten wie man das A. T. einordnen könnte, gehört auch die Auffassung, es sei das „europäische Joga". So hat Hauer in seinem bekannten Werk „Das Joga" versucht, die Beziehungen von Joga und A. T., von dem er sehr viel hält, ausführlich zu beleuchten. Noch mehr als für die Unterstufe läßt sich diese Beziehung für die Oberstufe geltend machen.

Auch der Begriff Meditation, der in der Psychoanalyse sicher zu kurz kommt, ist von der Oberstufe eigentlich nicht zu trennen.

Bei der Bezeichnung Tiefenpsychologie muß man sich immer fragen: Was versteht man unter Tiefe? Unter Tiefenpsychologie, die ja auch als aufdeckende Therapie bezeichnet wird, versteht man üblicherweise, daß weit zurückliegende, verdrängte oder vergessene, krankmachende Erlebnisse bewußt gemacht werden. Würde man aber unter Tiefenpsychologie ein topisches Verfahren mit einem gewissen vertikalen Eindringen in Schichten des Unbewußtseins verstehen, so hätte man Zweifel, ob unter diesem Gesichtspunkt die Couchmethode einen besonderen Tiefgang gewährleisten könnte. Der Patient spricht: Es ist eine vorwiegend bewußte Aktion, die geradezu vom Hinwendenkönnen zu der Instanz des Unbewußten ablenkt. In den ausgesprochenen „freien Assoziationen", kommt auch ein Wunschdenken zum Ausdruck. Zumndest ist eine Grenzziehung zwischen Wunschdenken und Assoziationen, die einen Zustrom aus dem Unbewußten aufweisen, nicht zu treffen. Die Augen bleiben – entgegen der Übungsanleitung beim A. T. – offen. Ein ausreichender Rückzug vom Alltag, eine Abschirmung in der Stille, die eine Begegnung mit der Tiefenperson erleichtert, kann also gar nicht stattfinden. Der Analysand korrespondiert durch seine freien Assoziationen mit dem Analytiker, auch wenn er diesen vorübergehend nicht hört und sieht.

Wenn man diesen Gesichtspunkt berücksichtigt, so ist die analytische Psychologie von C. G. Jung (1971), die sich vornehmlich auf die Traumbearbeitung stützt, aber auch die Bildersprache der Oberstufe des A. T. weitaus eher als tiefenpsychologische Methode zu bewerten. Die mit der Entspannung und Bewußtseinsveränderung verbundene Technik des A. T. läßt weitaus mehr zu, daß wirklich Bereiche des Unbewußten hervortreten können. Doch für den Arzt, der sich mit der Oberstufe des A. T. auseinandersetzt, ist eine Ausbildung besonders in Richtung der analytischen Psychologie von C. G. Jung unerläßlich. Die Art der Traumbearbeitung, wie sie in der analytischen Psychologie gehandhabt wird, läßt sich hier besonders gut verwenden. Auch die nachträgliche Bearbeitung der Bilder im Sinne der aktiven Imagination von C. G. Jung (vor allem die gestaltende Wiedergabe der Eindrücke) erweist sich als therapeutisch fruchtbar.

Wie auch bei allen anderen Psychotherapieformen bildet auch bei der Unterstufe und Oberstufe des A. T. eine Selbsterfahrung – die keineswegs oberflächlich sein darf – eine für die therapeutische Handhabung unerläßliche Voraussetzung.

Abschließend möge eine ärztliche Forderung, die sich nach dem nunmehrigen Verbreitungsstand des A. T. erst nach geraumer Zeit verwirklichen lassen wird, vorgebracht werden. Das A. T. ist – mehr als manches andere Psychotherapieverfahren – ein ärztliches Instrument. Zumindest die Organübungen gehören, was die Vermittlung anbetrifft, ausschließlich in ärztliche Hände. Erst eine langjährige ärztliche Erfahrung, die gediegene psychosomatische und psychiatrische Kenntnisse umfaßt, verleihen dem A. T. den Wert, der ihm wirklich zukommt; die unberechtigte Abwertung des A. T. hat damit zu tun, daß diese Einstellung leider noch nicht überall Platz gegriffen hat. Der Unterricht im Fach „Medizinische Psychologie und Psychotherapie“ wird zur Korrektur dieser Fehleinschätzung noch viel leisten können.

Literatur

Freud S (1952) Gesammelte Werke, Imago, London

Hauer JW (1958) Dar Joga. Kohlhammer, Stuttgart

Jung CG (1971–1976) Sämtliche Werke. Walter, Olten

Prokop H (1978a) Umweltneurosen. Psychotherapie vegetativer Störungen. J Autogen Train Allg Psychother 5: 33–41

Prokop H (1978b) Möglichkeiten der Psychohygiene durch Einsatz analytischer und aktiver Psychotherapieverfahren. Öster Ärzteztg 33/8: 406–409

Prokop H (1979) Autogenes Training. Seine Bedeutung in Gegenwart und Zukunft. Perlinger, Wörgl

Schultz JH (1976) Das Autogene Training, 15. Aufl. Thieme, Stuttgart

Verhaltensmedizin und Verhaltenstherapie

G. Crombach

Zur Begriffsbestimmung

Der Ausdruck "Behavioral Medicine" wurde 1973 geprägt und steht für die systematische Anwendung verhaltenswissenschaftlicher Erkenntnisse auf medizinische Probleme. Verhaltensmedizin versteht sich als experimentelle interdisziplinäre Psycho-Sozio-Somatik (Traue 1986; Miltner et al. 1986). Psychologen und Soziologen haben zu ihren Ergebnissen wesentlich beigetragen.

Der therapeutische Aspekt innerhalb der Verhaltensmedizin wird durch die ältere und etablierte „Verhaltenstherapie" wahrgenommen.

Charakteristika von Verhaltenstherapie

Die Verhaltenstherapie hat in den wenigen Jahrzehnten ihres Bestehens einen radikalen Wandel ihres Selbstverständnisses erfahren. (Hand 1986; Schmelzer 1985 u. 1986). Aufgrund des raschen Wandels der Verhaltenstherapie bestehen in der allgemeinen und in der medizinischen Öffentlichkeit häufig überholte und ideologische Fehlkonzeptionen: Sie wird z. T. immer noch als „symptomorientiert", als mechanistisch, „anpasserisch", oberflächlich, „zudeckend", bewußtseinsnegierend und inhuman etikettiert. Sie beginnt nicht mit Pawlow und Skinner, sondern mit den jahrhunderte- und jahrtausendealten pragmatischen und ausschließlich erfolgsorientierten Versuchen, Verhalten und Erleben der Menschen zu ändern. Insofern könnte man Gautama Buddha als den ersten namentlich bekannten „Verhaltenstherapeuten" bezeichnen. Praxisferne Spekulationen waren ihm nämlich fremd. – In der Verhaltenstherapie werden Veränderungsprinzipien systematisiert und auf ihre wirksamen Komponenten untersucht. Die gegenwärtige klinische Verhaltenstherapie kann durch drei Prinzipien charakterisiert werden:

Es sind dies ihre Strategie, die pragmatisch-experimentelle Grundhaltung und die multimodale Intervention.

Strategie

Verhaltenstherapie kann nicht durch die Vielfalt ihrer Verfahren (Behandlungstechniken), sondern nur durch ihre Strategie definiert werden (Hand 1986). Im diagnostischen und hypothesengeleiteten therapeutischen Prozeß wird der Frage nachgegangen, welche intraindividuellen oder interaktionellen *Funktionen* das Symptom hat. Die Symptombildung wird als Ausdruck oder Kompensation defizitärer Bewältigungsfähigkeiten im Individuum-Umwelt-System angesehen. Dabei können die mangelhaften „Problemlösungsfertigkeiten" beim Symptomträger oder seinen Bezugspersonen vorliegen. Der Therapeut versucht daher eine möglichst breite Erfassung von Problembereichen im System, um Hypothesen über die Funktionalität des Symptoms zu gewinnen. Dazu dient eine Erhebung der individuellen „Lerngeschichte" ebenso wie Gespräche mit Angehörigen, die je nach Motivation und Notwendigkeit als Kotherapeuten oder Kopatienten in die Therapie miteinbezogen werden. Es gehört wesentlich zur Verhaltenstherapie, daß die Therapieziele klar formuliert, reflektiert und diskutiert werden. Der Patient muß auch vor einem therapeutischen Imperialismus geschützt werden: eine Intervention sollte minimal aber ausreichend sein. Wachstums- und Reifungsprozesse sollen gefördert, aber nicht forciert werden. Bei der Zieldefinition kann sich eine Patient-Therapeut-Diskrepanz und die Notwendigkeit von Zwischenzielen ergeben (Hand 1986). Dabei spielen Werthaltungen ebenso eine Rolle wie die Therapiebeziehung, weshalb dies ein wesentliches Thema verhaltenstherapeutischer Selbsterfahrung und Supervision darstellt (Schmelzer 1986).

Pragmatisch-experimentelle Grundhaltung

Die Verhaltenstherapie versteht sich als eine Anwendungswissenschaft, deren Handlungsanweisungen nicht direkt und lückenlos aus einem vollständigen Theoriesystem abgeleitet werden können. Es wäre in diesem Sinne falsch, sie einfach als Lerntheorienanwendung zu verstehen. Sie entnimmt vielmehr Anregungen aus allen empirischen Sozialwissenschaften, aus Biologie und Systemtheorien, sowie aus anderen therapeutischen Schulen, verlangt jedoch deren Überprüfung im klinischen Bezugssystem im Hinblick auf die Gültigkeit und Effektivität.

Multimodale Interventionsbereiche

Unter „Verhalten" wird die Gesamtheit der Lebensäußerungen eines Individuums bezogen auf eine konkrete Umwelt verstanden, wie es sich einem ebenso individuellen Beobachter darstellt. Dieses „Verhalten" wird auf vier interagierenden Ebenen beschrieben:
- Motorik,
- Kognitionen,
- Emotionen,
- Physiologie.

Diese vier Interventionsbereiche werden gleichwertig für jeden Einzelfall in Erwägung gezogen; häufig kommen auch sog. „Therapiepakete" zur Anwendung, deren Evaluation sich besonders schwierig gestaltet.

Gegenüber anderen psychotherapeutischen Richtungen hat die Verhaltenstherapie immer den *Handlungsaspekt*, das Verhalten im engeren Sinne, betont. Dies m. E.

nach weniger aus Gründen eines metaphysischen oder methodologischen Behaviorismus, sondern weil die Fruchtbarkeit eines erfahrungsorientierten Lernens (möglichst in allen Sinnesmodalitäten) und die Notwendigkeit von Übung erkannt wurden. Diesen „Königsweg“ von der neuen Handlung zur neuen Einsicht hat der Systemdenker Heinz von Förster mit dem Aphorismus „Willst du erkennen, lerne zu handeln“ den Verhaltenstherapeuten bestätigt.

Die Überwindung jahrzehntelang eingeschliffener rigider Denk-, Gefühls- und Handlungsmuster macht Einübung, d.h. Wiederholung, oft stufenweisen Aufbau von Alternativen erforderlich. Deshalb sind z.B. „Hausaufgaben“, Tagebuchaufzeichnungen und Übungen im Sozialfeld zwischen den Therapiesitzungen ein fast integraler Bestandteil der Verhaltenstherapie. Selbst automatisierte motorische oder vegetative Reaktionen können – innerhalb eines Gesamtbehandlungsplanes – umtrainiert werden. (Siehe dazu die Feldenkrais-Methode und das Schwellentraining, z.B. bei Reizblase, vorzeitigem Samenerguß; Schwarz 1986; Kosarz et al. 1986.)

Innerhalb der verhaltenstherapeutischen Psychosomatik spielt naturgemäß die Interaktion von Kognition, Emotion und Physiologie eine herausragende Rolle. Dabei kann sich die Verhaltenstherapie auf keine gültige Emotionstheorie abstützen, die die bruchstückhaften empirischen Einzelerkenntnisse befriedigend vereint (siehe z.B. Traue 1986; Birbaumer, in Miltner et al. 1986; Lane u. Schwartz 1987).

Das psychoanalytische Alexithymiekonzept erfordert aus verhaltenstherapeutischer Sicht eine bessere Operationalisierung. Folgende emotionale Defizite kommen als ätiologische Teilfaktoren bei psychosomatischen Störungen in Betracht:

- *undifferenzierte, diffuse Gefühlswahrnehmung* (z.B. körperliches Unbehagen ohne Unterscheidung von Traurigkeit, Ärger oder Neid),
- *Hemmung der Ausdrucksmotorik* (im Laufe des Sozialisationsprozesses fehlte ein Modell für entsprechende Gefühlsäußerung oder sie wurde bestraft; fehlende Ausdrucksmotorik stellt als Bewegungsrestriktion selbst wieder einen unkonditionierten Reiz für aversive Gefühlszustände dar; Birbaumer, in Miltner et al. 1986).

Besonderheiten im Therapieprozeß bei psychosomatischen Patienten

Bezüglich der allgemeinen Konzipierung des diagnostisch-therapeutischen Vorgehens kann auf die Arbeiten von Hand (1986) und Schmelzer (1985 u. 1986) verwiesen werden; spezielle Störungen werden im Überblick gut bei Miltner et al. (1986) sowie bei Schwarz (1986) dargestellt. Letzterer geht auch auf besondere Probleme im Umgang mit Patienten ein, die sich als körperlich gestört empfinden:

1. Sosehr es in der Verhaltenstherapie darauf ankommt, den Patienten zu aktivieren und ihn aus der passiven Erwartungshaltung, vom Arzt technokratisch geheilt zu werden, herauszuführen, so wichtig kann es für den Erstkontakt auch sein, die Krankenrolle zunächst zu akzeptieren. Das kann z.B. durch ausführliche Exploration der Beschwerden und früherer Behandlungsversuche geschehen.
2. Psychosomatisch gestörte Patienten sind sehr sensibel auf jede Andeutung, ihr Leiden könnte nur „eingebildet“ sein und ihnen fehlte eigentlich nichts.
3. Eine Motivation zur „Psychotherapie“ darf nicht von allem Anfang an vorausgesetzt werden. Vielmehr kommt es darauf an, das Krankheitsverständnis von Patient und Familie festzustellen, die Motivationen im System zu erkennen. Dient

das Symptom z.B. der Konfliktreduktion in der Familie und kommt dem Arzt mehr die Rolle des Symptombestätigers zu?

4. Es muß mit dem Patienten bzw. mit der Familie ein plausibles Krankheitsmodell erarbeitet werden, das die Vorstellungen und Wahrnehmungen des Patienten miteinbezieht, das ihn sein Gesicht wahren läßt und das für spätere Erweiterungen offen bleibt. Dabei kann oft auf eine „richtige" (mehr psychologische) Kausalattribution verzichtet werden; d.h. der Patient kann z.B. an der Auffassung von Wirbelsäulenveränderungen beim "low back pain" festhalten, sofern nur für eine aktive Kontrollattribution gesorgt wird: über die Annahme *zusätzlicher* mitbeteiligter Muskelverspannungen kann der Patient Streßbewältigungsstrategien zur Anwendung bringen und seine Hilfosigkeit dem Schmerz gegenüber aufgeben. – Beim Herzschmerzsyndrom wirkt die Annahme einer vertebragenen Schmerzkomponente (*neben* der emotionalen) durch ihre bessere Vorstellbarkeit und unmittelbare Plausibilität entängstigend und compliancefördernd. – Graphiken und Vergleiche aus der Lebenswelt des Patienten erleichtern durch ihre Sinnlichkeit das Akzeptieren eines neuen Krankheitsmodells.
5. Verschiedene *Biofeedback*-Apparaturen wirken in derselben Richtung: durch das unmittelbare Erleben der Gleichzeitigkeit von vorgstellten äußeren Situationen oder induzierten Gefühlszuständen und relevanten physiologischen Veränderungen (Herzfrequenz, Muskeltonus, Darmmotilität etc.) wird die Bereitschaft zur Annahme psychologischer Erklärungsversuche erhöht.
6. *Chronisches Krankheitsverhalten:* Psychosomatische Leidenszustände werden oft erst nach Jahren oder gar Jahrzehnten einer adäquaten Behandlung zugeführt (Krankenkarriere). Demzufolge wurden „gesunde" Verhaltens- und Erlebensweisen völlig aus dem Repertoire verdrängt: die Wahrnehmung von sinnlichen Genüssen wurde genauso verlernt wie jammerfreie Kommunikation oder Freizeitinteressen. Belohnung erfolgte für Krankheits- nicht für Normalverhalten. Ohne Training dieser basalen Lebensfertigkeiten kann nach jahrelanger Krankheit diese gar nicht mehr aufgegeben werden.

Politische und gesundheitspolitische Implikationen

1. Psychosomatische Störungen können beim gegenwärtigen Versorgungs- und Honorierungssystem in Österreich nicht behandelt, wohl aber iatrogen chronifiziert werden.
2. Durch systematische und detaillierte Erfassung der aktuellen Umwelt liefert die Verhaltenstherapie ein Bild der krankmachenden gesellschaftlichen Faktoren, gegen die nicht einfach nur individuell und kurativ „Bewältigungsstrategien" angeboten werden sollten. Zu diesem krankheitsfördernden Milieu gehören übergeordnete Strukturen, wie emotionale Verarmung und Leistungsforderungen, ebenso wie spezielle Benachteiligungen (z.B. „Hausfrauen-Syndrom", Akkordarbeit ohne regionale Alternative).

Literatur

Hand I (1986) Verhaltenstherapie und Kognitive Therapie in der Psychiatrie. In: Kisker KP et al. (Hrsg) Psychiatrie der Gegenwart Bd 1, 3. Aufl., Springer, Berlin Heidelberg New York Tokyo

Kosarz P, Crombach G, Schwarz D (1986) Multimodale Verhaltenstherapie bei ausgewählten motorischen Störungen. In: Laux G, Reimer F (Hrsg) Klinische Psychiatrie, Bd II. Stuttgart, Hippokrates

Lane RD, Schwartz GE (1987) Levels of emotional awareness: A cognitive developmental theory and its application to psychopathology. Am J Psychiatry 144: 133–143

Miltner W, Birbaumer N, Gerber W-D (1986) Verhaltensmedizin. Berlin Heidelberg New York Tokyo

Schmelzer D (1985/86) Problem- und zielorientierte Verhaltenstherapie. Teil I: Verhaltensmodifikation 6: 101–151, Teil II: Verhaltensmodifikation 7: 3–111

Schwarz D (1986) Verhaltenstherapie. In: Uexküll T. von (Hrsg) Lehrbuch der Psychosomatik. Urban & Schwarzenberg, München.

Traue HC (1986) Behavioral medicine – Verhaltensmedizin. Psychol Rundsch 37: 195–208

Agoraphobie, Migräne, Depression – eine Einzelfallstudie

J. KINZL

Einleitung

Es handelt sich um eine 45jährige geschiedene Hausfrau, die über Zuweisung ihres Hausarztes mit der Diagnose Agoraphobie in Behandlung kommt. Die Patientin ist seit 10 Jahren arbeitsunfähig und in befristeter Frühpension.

Biographie

Die Patientin ist das einzige Kind eines Beamtenehepaares; sie wurde sehr streng erzogen: „brav zu sein", „nicht zu widersprechen" und „Aggressionen zu unterdrükken" war die Maxime der Erziehung. Nach Absolvierung der Matura zog die Patientin für ca. 1 Jahr nach Mailand, um die Pianistenausbildung zu absolvieren. Diese mußte sie aufgrund einer chronischen Sehnenscheidenentzündung aufgeben. Schon zu Beginn bestand starkes Heimweh, und es kam zum ersten Auftreten von Migräneanfällen. Nach der Rückkehr begann sie im Finanzamt als Buchhalterin zu arbeiten, wo sie ihren späteren Mann kennenlernte, den sie 1969 heiratete. Kurze Zeit später wurde sie schwanger; da der Ehemann keine Kinder wollte, ließ er sich bereits nach 1 Jahr von ihr scheiden. 1970 gebar sie ihren Sohn. 1971 starb der Vater an einem Ösophaguskarzinom, und sie kehrte zu der Mutter zurück. Spätere Arbeitsversuche scheiterten, vor allem fühlte sie sich durch die Doppelbelastung (Arbeitsplatz, Haushalt) überfordert. 1976 wurde sie deswegen gekündigt. In dieser Zeit bestand auch eine sehr schwierige private Situation (Bekanntschaft mit einem alkoholkranken Mann, der nebenbei andere sexuelle Beziehungen hatte). Damals kam es zu einer deutlichen Zunahme der Frequenz und Intensität der Migräneattacken und zum ersten Auftreten der Angstanfälle.

Aktuelle Lebenssituation

Die Patientin wohnt zusammen mit ihrer 72jährigen Mutter (Migräne, Emphysembronchitis) und ihrem 16jährigen Sohn in einer gemeinsamen Wohnung in Innsbruck. Die Beziehung zum Sohn ist zu Therapiebeginn gespannt, bedingt durch dessen Verselbständigungstendenz. Die Angst, in absehbarer Zeit sowohl ihren Sohn (durch Loslösung) als auch ihre Mutter (durch Tod) zu verlieren ist auch einer der Gründe, warum sich die Patientin in Behandlung begibt. Die Motivation zur Therapie ist zunächst mehr durch die Ablehnung des Rentenansuchens mit der Auflage zu einer Psychotherapie und durch einen gewissen Leidensdruck (negative Motivation) gegeben, weniger durch eine positive Motivation im Sinne einer Veränderung der Lebenssituation.

Entwicklung der Symptomatik

Angstzustände zeigten sich schon in der Kindheit, vor allem eine verstärkte Angst vor fremden Personen, im Alter von 5 Jahren eine kurzzeitige Tierphobie. Im Kindesalter litt sie unter einer Vitiligo, sie entwickelte auch deswegen Minderwertigkeitsgefühle und vermied weitgehend soziale Kontakte. Im Alter von 12 Jahren erkrankte sie an einer schweren Hepatitis, die von einer längeren Rekonvaleszenz, verbunden mit Schwächegefühl und Abgeschlagenheit gefolgt war.

Die agoraphobische Symptomatik besteht seit 1976: Die Angst begann an einem schwülen Tag – an solchen Tagen ist die Patientin schon immer kreislauflabiler –, als sie alleine einkaufen wollte. Kurz nach dem Verlassen der Wohnung kam es beim Überqueren einer belebten Straße zum Auftreten eines Angstanfalls; sie konnte nicht mehr gehen, hatte das Gefühl ohnmächtig zu werden und zu kollabieren; weiters klagte sie über Herzklopfen, Zittern, kaltes Schwitzen, Mundtrockenheit, Globusgefühl im Hals, Beklemmungsgefühl in der Brust, Atemnot, Schwindel und Schwächegefühl in den Beinen und Angst zu sterben. Dieser Zustand dauerte einige Minuten. Eine Passantin brachte sie zum Hausarzt, der „nichts" fand und ihre Symptome im Zusammenhang mit ihrer psychischen Labilität sah.

Das Vollbild der Agoraphobie entwickelte sich innerhalb weniger Wochen, d. h. die Patientin verläßt schon seit ca. 10 Jahren nicht mehr alleine das Haus und auch mit dem Sohn bzw. der Mutter nur morgens oder abends, wobei sie alle belebten Straßen, Brücken und Kaufhäuser mied.

Zur Zeit der Phobieentstehung befand sich die Patientin in einer sehr schwierigen Lebenssituation, die einerseits durch die psychophysische Schwäche (Pseudoneurasthenie durch die Hepatitis und häufige Migräneattacken) als auch durch ein depressives Syndrom (Verlust des Arbeitsplatzes, Alleinsein nach Trennung von dem Freund, Belastung durch die kranke Mutter usw.) gekennzeichnet war. Das heißt, die Patientin befand sich in einem Zustand erhöhter Aktiviertheit, verbunden mit leichter Irritierbarkeit und dem Gefühl starker Einengung.

Bezüglich der Migräne, die ab dem 19. Lebensjahr auftrat, besteht eine gewisse „Familientradition" (Mutter, Großmutter). Der erste Migräneanfall trat im Alter von 19 Jahren auf, als sie wegen des Musikstudiums in Mailand weilte. Sie erlebte eine Zeit starker Einsamkeit bzw. das Gefühl des Verlassenseins. In den folgenden Jahren nahm die Frequenz und Intensität der Phasen der auftretenden Anfälle zu, zuletzt bestand eine Frequenz von 3–5 Anfällen pro Monat. Zwischendurch litt sie unter spannungsartigen, meist diffusen Kopfschmerzen, durch die sie sich aber nicht wesentlich beeinträchtigt fühlte. Die Migräneanfälle führten dazu, daß sie sich in ein völlig abgedunkeltes Zimmer zurückzog und in dieser Zeit auch von den Angehörigen entlastet wurde. Auch die Mutter zeigte früher bei Migräneattacken ein ähnliches Verhalten, und ihre Umgebung reagierte gleich (Modellernen).

Es ist bekannt, daß eine chronische Hepatitis häufig mit einer pseudoneurasthenischen Symptomatik einhergeht, die durch Verstimmungszustände, Schwächegefühl, Abgeschlagenheit und geringe Belastbarkeit gekennzeichnet ist. Auch die häufigen Migräneanfälle sind von einer ähnlichen Symptomatik begleitet (Organismusvariable).

Die Stimmungslage der Patientin ist zum Zeitpunkt des Erstgespräches als leicht depressiv einzustufen, sie klagt über traurige Verstimmtheit, Antriebslosigkeit, Freud- und Interesselosigkeit und gelegentliche Schlafstörungen. Als Persönlichkeitszüge sind anankastische Züge faßbar, d. h. eine Neigung zu Pedanterie, Ordentlichkeit, Übergewissenhaftigkeit und Perfektionismus bei eher geringem Selbstvertrauen.

Funktionale Analyse der Störungen

Folgende Parameter sprechen dafür, daß die Angstreaktion respondent ist:
- sie ist gekennzeichnet durch heftige physiologische Reaktionen;
- die Angstreaktion erfolgt unmittelbar und immer in kritischen Situationen.

Die Genese der Agoraphobie ist sicherlich eine klassische Konditionierung, wobei sich aber aus dem respondenten ein operantes Verhalten entwickelt hat. Das Verhalten wurde dadurch verstärkt, daß die Patientin vermehrt Zuwendung bekam. Im Laufe der Zeit kam es sehr rasch zu einer Generalisierung der ursprünglichen Reizbedingungen:

– UCS	UCR
– schwüler Tag, Hitze	Schwächegefühl, Kollapsneigung
– UCS + NS	UCR
– schwüler Tag, Straße	Schwächegefühl, Kollapsneigung, Angst
– CS	CR
– Straße, Kaufhäuser	Angst, Schwächegefühl

Instrumentelle (operante) Konditionierung:

– CS 2	Rr 2 = S	Ro 2	C + ...
Vorschlag der Mutter, alleine einkaufen zu gehen	Angst, Unbehagen	Aufschieben bis zum Abend	Begleitung durch Sohn Ȼ- Reduzierung der Angst
– CS 3	Rr 3 = S	Ro 3	Ȼ- . . . .
Vorstellung allein einkaufen zu gehen	Angst, Unbehagen	Vorschieben einer Krankheit, z. B. Kopfschmerzen	Reduzierung der Angst

Die Entstehung der phobischen Störung stimmt mit der Dreistufentheorie der Entwicklung neurotischer Störungen von Eysench u. Rachman überein. In der ersten Phase führte das dramatische Ereignis (Angstanfall mit Kollapsneigung) zu einer starken unkonditionierten autonomen Reaktion, vor allem des sympathischen Nervensystems. In der Folgezeit kam es zu einer sekundären Konditionierung, d.h. vorher neutrale Reize (z.B. Straße, Kaufhaus) wurden mit unkonditionierten Reizen in Verbindung gebracht, welche die exzessive emotionale Reaktion auslösten (Anblick der Straße oder vieler Leute wird mit Kollabieren, Erdrücktwerden assoziiert). Sie verspürte bereits Angst, Spannungen und Kribbeln, bevor sie das Haus verließ oder auch nur die Absicht hatte, es zu verlassen; d.h. es kam sehr rasch zur Entwicklung einer Antizipation unangenehmer Erlebnisse in Sinne einer konditionierten antizipierten Angst. Danach konnten sowohl der konditionierte als auch der unkonditionierte Stimulus die ursprünglich emotionale Reaktion auslösen. Nachdem sie nun einmal auf den bestimmten Reiz oder Reizklasse (Straße, Hitze, viele Menschen) eine neurotische Reaktion entwickelt hatte, vermied sie zunehmend potentiell beunruhigende Situationen.

Die Patientin verließ nur noch in Begleitung ihres Sohnes oder ihrer Mutter und da auch nur außerhalb der Verkehrsstoßzeiten die Wohnung und schränkte die Dauer soweit wie möglich ein. Die größte Erleichterung erlebte sie, wenn sie entweder ganz zu Hause bleiben konnte oder wenn sie nach Hause zurückkehrte. Die Reaktion der Rückkehr nach Hause wird also dadurch verstärkt, daß es rasch zu einer Angstreduktion kommt, und dies führt allmählich zu einem völligen Rückzug der Patientin in ihre Wohnung. Durch das erfolgreiche Vermeidungsverhalten angstauslösender Stimuli verhindert sie gleichzeitig die Möglichkeit der natürlichen Löschung und angepaßter konditionierter emotionaler Reaktionen. Das Vermeidungsverhalten wurde durch vermehrte Zuwendung und Anteilnahme von den Angehörigen verstärkt, zwischendurch aber immer wieder, besonders durch den Sohn, sehr negativ bewertet und mit einer Aggression beantwortet, wobei dieses sein Verhalten eher weiter zur Aufrechterhaltung des phobischen Vermeidungsverhaltens führte.

Entwicklung der depressiven Stimmungslage

Schon seit der Kindheit bestehen gelegentliche depressive Verstimmungen mit eher niedrigem Energieniveau, Rückzugstendenzen, sozialem Vermeidungsverhalten und Minderwertigkeitsgefühlen, die wohl durch den Erziehungsstil und der körperlichen Entstellung durch die Hautkrankheit bedingt sind.

Nach der Entwicklung der Agoraphobie kam es zu einer deutlichen Zunahme der depressiven Stimmungslage; dabei dürfte dies die Folge der nachstehend aufgeführten komplexen Bedingungen sein:

- Antwort auf mehrere Verlusterlebnisse vor Ausbruch der Agoraphobie (z.B. Trennung von ihrem Freund, Verlust des Arbeitsplatzes).
- Durch Veränderung der Lebenssituation entwickelte sich ein deutlicher Verlust der Selbstachtung mit dem Gefühl weniger wert zu sein, unfähig zu sein, in der Gegenwart oder Zukunft etwas von sich aus zu verändern, da sie auch in der Vergangenheit sowohl im beruflichen als auch privaten Bereich versagt hatte. Dies entspricht dem Konzept der erlernten Hilflosigkeit nach Seligmann, daß Verhalten stärker durch erwartete als durch tatsächliche Konsequenzen bestimmt wird.
- Durch den Rückzug von der Teilnahme am Alltagsleben kam es zu einem fast vollständigen Verlust jeglicher positiver Verstärkung, z.B. keine Freundschaften,

keine kulturellen Aktivitäten, schwierige finanzielle Situation usw. Das Selbstwertgefühl bezog die Patientin zuletzt nur noch aus dem Gefühl für die Mutter und den Sohn wichtig zu sein.

Therapieziel

Als Therapieziel definierten wir angstfreies Betreten von Straßen, Kaufhäusern und Überqueren von Brücken, ohne auf Begleitung angewiesen zu sein, so daß sie sich wiederum an den normalen sozialen Aktivitäten beteiligen könne. Als Fernziel wurde auch an eine berufliche Wiedereingliederung gedacht.

Ein weiteres Ziel war die Reduzierung der Frequenz bzw. der Intensität der Migränekopfschmerzen.

Auf ein isoliertes Angehen der depressiven Symptomatik wurde verzichtet, da zu erwarten war, daß nach der Erreichung obengenannter Ziele eine Generalisierung der Effekte eintreten wird.

In den Gesprächen konnte die Patientin erkennen, in welcher Weise die einzelnen Symptome zusammenhängen und sich gegenseitig beeinflussen.

Therapieplanung

- Entspannungstraining: autogenes Training.
- Expositionsbehandlung in vivo.
- Habituationstraining (Reizüberflutung).
- Situationsbezogenes Entspannungsprogramm (SEP).
- Kognitive Strategien: rational-emotive Therapie nach Ellis.
- Verhaltenstrainingsprogramm zum Aufbau sozialer Kompetenz.

Diese Methoden wurden der Patientin ausführlich erörtert.

Verlauf der Therapie

Im Verlaufe der Therapie waren immer wieder Ergänzungen und neue Schwerpunktsetzungen notwendig.

Als Entspannungsmethode durch das autogene Training gewählt, da neben einer Entspannung im muskulären Bereich vor allem eine Umschaltung im vegetativpsychischen Bereich, d.h. eine Gesamtentspannung notwendig erschien.

Für die Behandlung der Agoraphobie führte ich eine Exposition in vivo durch auf der Basis der Bedürfnisse und Wünsche der Patientin und der bei der Verhaltensanalyse gewonnenen Informationen, es wurden Angstthemen aufgestellt und sie zu Angsthierarchien zusammengefaßt. (Aus Platzgründen wird auf eine genaue Aufschlüsselung verzichtet.)

Da die Patientin in den ersten Therapiestunden immer in Begleitung entweder ihres Sohnes oder ihrer Mutter die Beratungsstelle aufsuchte, wurde vereinbart, daß sie nur noch alleine kommen dürfe. Dies wurde dadurch begünstigt, daß die Beratungsstelle in einer verkehrsarmen Villengegend in der Nähe der Wohnung der

Patientin liegt. Durch diese kurz vorher erfolgte direkte Konfrontation mit der angstauslösenden Situation war es gut möglich, ihre Selbstverbalisationen zu besprechen. Es ließen sich zahlreiche negative Selbstaussagen eruieren, wie „mir wird sicherlich schwindelig werden", „ich werde hilflos mitten auf der Straße stehen und niemand wird mir zuhilfe kommen" usw. Aufgrund der Überlegungen, daß den negativen Aussagen eine angstaufrechterhaltende Funktion zukommt, wurde sie angehalten, durch positivere angemessenere Selbstverbalisationen eine kognitive Restrukturierung der in fast allen Situationen unrealistischen Einschätzung von Gefahren und Bedrohungen wahrzunehmen. Das Ziel war der Aufbau und Einsatz von situationsadäquaten Selbstverbalisationen. Folgende positive Selbstaussagen legte sie sich u. a. zurecht: „Jetzt wird es Zeit, daß ich wieder einmal ausgehe, meine Kondition ist sicherlich schlecht, die Strecke bis in die Beratungsstelle, später in die Stadt, schaffe ich aber immer noch. Sollte ich das Auftreten meiner mir bereits satthaft bekannten Angstzustände erleben, werde ich versuchen, mich zu entspannen, wozu habe ich die Entspannungsübungen gelernt. Wenn es nötig ist, werde ich mich in ein Café setzen und einen guten starken Mokka trinken, der wird mir schon wieder auf die Beine helfen" usw. Diese Selbstverbalisationen setzte die Patientin ein, wobei ihr diese zu ihrer Überraschung gut gelangen.

Nachdem die ersten sechs „Situationen" weitgehend problemlos bewältigt waren, wurden auf Wunsch der Patientin die Situationen, die mit der größten Angst verbunden waren im Rahmen eines Habituationstrainings im Sinne einer Reizüberflutung angegangen. Dabei wurde sie in einer In-vivo-Sitzung mit den drei angstintensivsten Situationen konfrontiert. Die gesamte Konfrontation dauerte knapp 3 h. Vor der Ausführung wurde der Therapieplan erläutert, wobei vor allem darauf hingewiesen wurde, daß es zum Auftreten von Angst kommen werde und daß ich sie während der Therapie bei Notwendigkeit unterstützen, aber auch bei der Absicht davonzulaufen, hindern werde. Jede Situation wurde erst dann wieder verlassen, wenn sie keine Angst mehr hatte oder diese zumindest deutlich nachließ. Die Patientin suchte zunächst allein diese Situationen auf, und ich kam nach einigen Minuten nach.

Sie hatte zunächst immer starke Angst mit vegetativen Symptomen und der Tendenz davonzulaufen, konnte aber relativ leicht von der Notwendigkeit des Verweilens überzeugt werden. Sie erzählte mir in dieser Situation der erhöhten emotionalen Erregung, daß sie als Mädchen einmal mit Freundinnen von zu Hause ohne Erlaubnis der Mutter wegfahren wollte. Als sie über eine bestimmte Brücke fuhr, erinnerte sie sich dieses Verbotes, das verhindern sollte, daß ihr etwas zustoßen könnte. So war die Brücke zu einer „Grenze des Erlaubten" geworden. Ich „deutete" dies der Patientin, daß wohl ein Zusammenhang zwischen Angst vor der Brücke und dem Verbot durch die Mutter besteht, und sich dahinter Autonomie und Verselbständigungswünsche verbergen. Nach ca. 20 min ließ die Angst zunehmend nach, schließlich verschwand sie völlig.

Ich versuchte der Patientin zu zeigen, daß es weniger wichtig ist, die situative Reizbedingung angstfrei zu erleben, sondern daß sie die Erfahrung macht, die durch die phobische Situation ausgelöste Angst aktiv bewältigen zu können und daß dadurch das Vertrauen in die eigenen Fähigkeiten deutlich ansteigen werde.

Alle vorher als bedrohlich eingestuften Situationen bewältigte die Patientin in der Folgezeit alleine, war angstfrei und unternahm u. a. Städtereisen.

Therapie der Migräne

Bei der Migräne besteht die Notwendigkeit einer multifaktoriellen Behandlung im Sinne einer Integration physiologischer und psychologischer Therapieansätze, da sie aus einem Zusammenwirken vielfältiger Faktoren wie hämodynamischer und dermoregulatorischer Mechanismen, eine Vielfalt von allgemeinen Faktoren und verschiedener psychischer Faktoren entsteht. Als Therapieprogramm wurde das situationsbezogene Entspannungsprogramm von Wittchen u. Lässle gewählt: Das Ziel dieses Programmes ist neben dem Erkennen kritischer psychosozialer Belastungssituationen die Verbesserung der Wahrnehmungsfähigkeit körpereigener Vorgänge, d.h. die Patientin sollte propriozeptive Veränderungen so frühzeitig wahrnehmen, daß der Einsatz bestimmter Gegenregulationsübungen möglich ist. Dazu wurde versucht, mit Hilfe eines Kopfschmerztagebuches diejenigen Umgebungsbedingungen bzw. Gedanken verläßlich zu erkennen, die die Kopfschmerzen auslösen und neue Verhaltensweisen incl. kognitiver Umstrukturierung zur Modifikation anfallsauslösender Verhaltensweisen einzusetzen. Andererseits sollte die Patientin eine physiologische Reaktionsform erlernen, die mit der pathophysiologischen Reaktion, die den Kopfschmerzen zugrunde liegt, nämlich einerseits die Verspannung der Muskulatur bzw. die überstarke Reaktion der kranealen und zerebralen Arterien nicht vereinbar ist; d.h. Erlernen der willkürlichen Kontrolle über die Gefäßweite bzw. über die Durchblutung zur Beeinflussung der vasomotorischen Symptome und die unspezifische Entspannung zur Beeinflussung der Aktivität des sympathischen Nervensystems.

Mit Hilfe von Hausaufgaben konnten folgende typische Streßsituationen und irrationale Einstellungen eruiert werden:

- Situationen, die mit Überforderungsgefühlen sowohl im privaten als auch im beruflichen Bereich verbunden sind;
- Loslösungssituationen, z.B. Kuraufenthalt der Mutter, Schikurs des Sohnes;
- Situationen, in denen sie sich über die Einschränkungen durch die Angehörigen ärgerte, sie aber gelernt hatte, sich zu beherrschen, z.B. „eine Mutter muß man immer lieben".

Durch die genaue Analyse der Auslöserbedingungen konnte die Patientin erkennen, daß ihre Kopfschmerzen nicht „grundlos" auftreten, sondern auch nach belastenden Lebensereignissen, wenn auch unspezifische Faktoren, wie das Zurückführen einer Verschlechterung der Symptomatik auf Wetter- bzw. Klimaeinflüsse oder hormonelle Umstellungen überwogen.

Nach dem Erlernen und Beherrschung der Grundübungen des autogenen Trainings, wurde sie in das gezielte Organtraining unter besonderer Berücksichtigung der Stirnübung, des Gesichts, der Schulter und des Nackenbereiches, der Erwärmung der Hände und in den Gebrauch formelhafter Vorsatzbildungen eingeführt.

Es wurde der Patientin verdeutlicht, in welcher Weise diese Übungen in der Lage sind, intra- und extrakranieller Vasokonstriktion entgegenzuwirken, Muskelverspannungen zu lösen und eine generalisierte sympathikotone Erregungslage herabzusetzen. Die vegetative Umstellung zeigte sich schon nach wenigen Wochen u. a. darin, daß sie trockene warme Hände hatte, während sie zu Beginn der Therapie feuchte kalte Hände hatte und leicht tachykard war. Bereits nach wenigen Therapiestunden kam es zu einem völligen Sistieren der Migräneanfälle und einer Verbesserung der Spannungskopfschmerzen, die bis zum Ende der Therapie anhielten.

Reduzierung sozialer Ängste

Unter der Annahme, daß es vielfach bestimmte irrationale Einstellungen und Überzeugungen sind, die z. T. für die psychische Beeinträchtigung verantwortlich sind, wurde als kognitive Therapie der rational-emotive Ansatz von Ellis gewählt. Das Ziel sollte eine „objektivere Sicht" des eigenen Verhaltens sein. Die Patientin wurde angeregt, anhand typischer Beispiele die Empfindungen und Gedanken wahrzunehmen, die ihrem Problemverhalten vorausgehen, es begleiten oder ihm folgen. Es sind u. a. zu nennen: „Ich muß immer tüchtig sein, darf keine Fehler machen, sonst bin ich wertlos" usw. Diese Wertvorstellung, die z. T. identisch ist mit dem Erziehungsstil, führte sowohl zu ihrem typischen Sozialverhalten, aber auch ihr Vermeidungsverhalten ist daraus erklärbar; d. h. zur Erzielung einer positiven Wertbilanz zeigte sie die Tendenz, negativ bewertete Zustände zu vermeiden, z. B. Ärger zu äußern, und positiv bewertete Zustände, z. B. Ärger zu schlucken, herbeizuführen. Sie erwähnte, daß es in ihrer Familie verpönt gewesen ist, Schwächen zu zeigen, und sie hat eine große Härte gegen sich selbst entwickelt. Eine „Ruhe zu geben" erlaubte sie sich nur, wenn sie starke Kopfschmerzen hatte. Die Patientin erkannte, daß ihr Verhalten negativ verstärkt wurde, indem sie sich nur dann Ruhe und Entlastung gönnte, wenn die emotionalen, sozialen oder körperlichen Belastungen sehr groß wurden und zu Schmerzen führten. Regelmäßige Pausen, Entspannungen und frühzeitige Entlastungen wurden geplant, die die Kopfschmerzen „überflüssig" machen sollten.

Mit ihren Schmerzattacken hatte sie eine Art komplizierter Konfliktlösung gefunden; einerseits wurden durch sie schädliche Folgen in der Realität verhindert bzw. es wurde vermieden, die Beziehung zu einer wichtigen Person aufs Spiel zu setzen, andererseits wurden in ihnen aber doch bestimmte Gefühle und Vorstellungen ausgelebt, wobei die Patientin dazu tendierte, ihre Krankheit als Strafe zu sehen.

Aufbau sozialer Kompetenz

Im Verlaufe der Therapie zeige sich doch ein deutliches Defizit im Sozialverhalten, einerseits ein Mangel vor allem unangenehme Gefühle wie Mut, Ärger, Trauer usw. offen zu äußern, andererseits auch ein Mangel an Selbstsicherheit, eigene Ansprüche haben zu dürfen, sie zu äußern bzw. durchzusetzen.

Als Therapieziel sollte sie erleben, daß sie durch sozial kompetentes Verhalten sich selbst und ihre Umgebung aktiv beeinflussen und in Richtung eines gewünschten Zieles ändern könne.

In Form von Rollenspielen wurden einzelne der häuslichen Realität entsprechende Situationen durchgespielt, die „üblicherweise" Ärger und Spannungen in der Familie hervorriefen. Eine der typischen Situationen war folgende: Regelmäßig wird die Patientin im Rahmen des gemeinsamen abendlichen Fernsehens von den Angehörigen aufgefordert, Tee zu kochen. Dies ärgert sie, da sie sich als Dienstmagd ausgenützt fühlt. Es werden mehrere Möglichkeiten eingeübt, wie sie einerseits ihren Ärger darüber und andererseits ihr Verhalten nach Veränderung ausdrücken kann. Sie formulierte dazu: „Ich ärgerte mich jedesmal, wenn ich euch während des gemeinsamen Fernsehens Tee kochen soll; ich fühle mich ausgenützt und werde es in der nächsten Zeit nicht mehr tun. Ich schlage zwei Lösungen vor: Entweder wir werden uns in Zukunft abwechseln oder jeder soll für sich selbst kochen."

Durch den Wegfall der Agoraphobie und der Verbesserung der physischen und psychischen Befindlichkeit zeigte die Patientin wiederum ein weitgehend normales Sozialverhalten. Dieser erweiterte eigene Verhaltensspielraum führte dazu, daß sie weniger auf Sohn und Mutter angewiesen war. Vor allem der Sohn erlebte es als eine Entlastung. Zum Teil standen die Angehörigen den zunehmenden Verselbständigungstendenzen aber auch skeptisch gegenüber, sie äußerten z.B. Ängste, daß ihr u.a. bei Waldspaziergängen etwas zustoßen könnte. Da die Gefahr bestand, daß das alte problematische Verhalten von den Angehörigen operant verstärkt werden könnte, wurde mit der Patientin die Notwendigkeit der Fortsetzung der erreichten Schritte vereinbart, worauf sie auch zu Hause nachdrücklich hinweisen mußte.

Auffällig war, daß es besonders vormittags zu einer Verschlechterung des Zustandsbildes mit innerlicher Unruhe, Gereiztheit, leichten vegetativen Symptomen und Heißhunger kam, nicht nur wenn sie den Versuch wagte, die Wohnung zu verlassen. Nach Erkundigung der Eßgewohnheiten erfuhr ich, daß sie nicht frühstückte und nur einen ungezuckerten Tee trank, so daß der Verdacht auf zusätzliche hypoglykämische Zustände bestand. Da bekannt ist, daß ein niedriger Blutzuckerspiegel anfälliger machen kann für Angst, erklärte ich ihr diesen Zusammenhang und hielt sie an, ausreichend zu frühstücken und bei Bedarf ein Stück Traubenzucker zu sich zu nehmen. Dies machte auch einen Teil des zunehmenden Wohlbefindens aus.

Verlauf

Es kam bei dieser Patientin zu einer in dieser Schnelligkeit nicht zu erwartenden Verbesserung der Symptomatik; von seiten der Agoraphobie bestanden nach der 12. Therapiestunde keinerlei Einschränkungen mehr. Nach ca. 8 Wochen kam es zu einem völligen Sistieren der Migräneanfälle, und die Patientin benötigte mit Ausnahme eines niedrigdosierten β-Blockers keine weitere medikamentöse Therapie.

Die Patientin unternahm zuletzt sehr viele Aktivitäten, belegte einen EDV-Kurs, um evtl. berufliche Möglichkeiten zu verbessern.

Es kann festgestellt werden, daß bei dieser Patientin das zunächst weitgehend symptomorientierte Vorgehen nicht nur zu einem Symptomabbau, sondern zu einer deutlichen Veränderung der Lebenseinstellung führte und es aus dieser neugewonnenen Haltung schließlich zu einer Veränderung der Lebensführung, keineswegs aber zu einer Symptomverschiebung kam.

Katamnese

3 Monate, 6 Monate und 1 Jahr nach der Entlassung aus der ambulanten Therapie wurden Katamnesen erhoben. Es zeigte sich, daß die Patientin weiterhin beschwer-

defrei war, sie hatte keine phobischen Einschränkungen mehr, keine weiteren Migräneanfälle, und sie nahm auch keine Analgetika ein. Sie ist sozial wieder aktiv, eine berufliche Wiedereingliederung gelang aber noch nicht.

Zusammenfassung

Anhand einer Patientin mit multiplem neurotischen Befund und psychosomatischen Störungen wird das komplexe Zusammenspiel physiologischer, sozialer und subjektiver Faktoren bei der Ätiologie der verschiedenen Störungen aufgezeigt und ein multimodaler Behandlungsansatz dargestellt.

Literatur

Adler A (1974) Praxis und Theorie der Individualpsychologie. Fischer, Frankfurt
Bakal DA (1975) Headache: A biopsychological perspective. Psychol Bull 82: 369–382
Bartling G, Fiegenbaum W, Krause R (1980) Reizüberflutung: Theorie und Praxis. Kohlhammer, Stuttgart
Basler HD, Otte H, Schneller TH, Schwoon D (1979) Verhaltenstherapie bei psychosomatischen Erkrankungen. Kohlhammer, Stuttgart
Beck AT, Emery G (1981) Kognitive Verhaltenstherapie bei Angst und Phobie. Deutsche Gesellschaft für Verhaltenstherapie (DGVT), Tübingen
Berner P, Kryspin-Exner K (1979) Psychiatrische Systematik. Huber, Bern
Budzynski TH (1973) EMG-Biofeedback and tension headache: A controlled outcome study. Psychosom Med 35: 484–496
Butollo W (1979) Chronische Angst. Urban & Schwarzenberg, München
Demuth W (1981) Klinische Praxis der Verhaltenstherapie. Enke, Stuttgart
Doerr-Proske H, Wittchen HU (1985) Ein muskel- und gefäßorientiertes Entspannungsprogramm (SEP) zur Behandlung chronischer Migränepatienten. Z Psychosom Med 31: 247–266
Ellis A (1962) Reason and emotion in psychotherapie. Lyle Stuart Press, New York
Emrich HM, Zerssen D von (1983) Beta-Rezeptoren-Blocker: Grundlage und Therapie. In: Langer G, Heimann H (Hrsg) Psychopharmaka. Springer, Berlin Heidelberg New York Tokyo, S 393–408
Feldhege FJ, Krauthan G (1979) Ein Verhaltenstrainingsprogramm zum Aufbau sozialer Kompetenz (VTP). Springer, Berlin Heidelberg New York
Fliegel ST, Groeger W, Schulte D, Sorgatz H (1981) Verhaltenstherapeutische Standardmethoden. Urban & Schwarzenberg, München
Florin I (1978) Entspannung und Desensibilisierung. Kohlhammer, Stuttgart
Gerhard U (1981) Zur Diagnose und Bedeutung von Zwangsphänomenen. Beltz, Weinheim
Grawe K (1980) Die diagnostisch-therapeutische Funktion der Gruppeninteraktion in verhaltenstherapeutischen Gruppen. In: Grawe K (Hrsg) Verhaltenstherapie in Gruppen. Urban & Schwarzenberg, München, S 88–223
Hand I (1981) Expositionsbehandlung (Implosion, Flooding, Exposure, Reizüberflutung). In: Linden M, Hautzinger M (Hrsg) Psychotherapie-Manual. Springer, Berlin Heidelberg New York
Hand I (1984) Verhaltenstherapie und Psychopharmaka bei Phobien. In: Götze G (Hrsg) Leitsymptom Angst. Springer, Berlin Heidelberg New York Tokyo
Hoffmann B (1981) Handbuch des Autogenen Trainings. Deutscher Taschenbuch Verlag (dtv), München
Huber HP, Huber D, Hunger J (1985) Zur nichtmedikamentösen Behandlung der Migräne: Eine vergleichende Therapiestudie. In: Wittchen HU, Brengelmann JC (Hrsg) Psychologische Therapie bei chronischen Schmerzpatienten. Springer, Berlin Heidelberg New York Tokyo
Janzen R (1974) Migräne aus neurologischer Sicht. Med Klin 69: 1005–1014
Kanfer FH, Saslow G (1976) Verhaltenstheoretische Diagnostik. In: Schulte D (Hrsg) Diagnostik in der Verhaltenstherapie. Urban & Schwarzenberg, München, S 24–59

Kessler BH, Hoellen B (1982) Rational emotive Therapie in der klinischen Praxis. Beltz, Weinheim
Lewinsohn PM (1975) The behavioral study and treatment of depression. In: Hersen M, Eisler R, Killer P (eds) Progress in behavior modifikation. Vol 1. Academic Press, New York, pp 19–64
Lutz R (1978) Das verhaltensdiagnostische Interview. Kohlhammer, Stuttgart
Marks M (1975) Behavioral treatments of phobic and obsessive compulsive disorders: a critical appraisal. In: Hersen M, Eisler R, Miller P (eds) Progress in behavior modification. Academic Press, New York, pp 65–158
Marks IM (1977) Bewältigung der Angst. Springer, Berlin Heidelberg New York
Melamed BG, Siegel LJ (1983) Lehrbuch der Verhaltensmedizin. Kohlhammer, Stuttgart
Mitchell KR, White RG (1977) Behavioral selfmanagement: an application to the problem of migraine headache. Behav Ther 8: 213–221
Overbeck G (1984) Krankheit als Anpassung. Suhrkamp, Frankfurt
Pöldinger W, Wider F (1983) Psychopharmakotherapie bei Angstsyndromen und Zwangssyndromen. In: Langer G, Heimann M (Hrsg) Psychopharmaka. Springer, Berlin Heidelberg New York Tokyo
Rachmann S, Bergold JB (1976) Verhaltenstherapie bei Phobien. Urban & Schwarzenberg, München
Rattner J (1984) Der neurotische Mensch und seine Lebensschwierigkeiten. Hoffmann & Campe, Hamburg
Schulte B, Thomas B (1976) Verhaltensanalyse und Therapieplanung bei einer Patientin mit multiplen Ängsten. In: Schulte D (Hrsg) Diagnostik in der Verhaltenstherapie. Urban & Schwarzenberg, München, S 105–127
Schulte D (1976) Ein Schema für Diagnose und Therapieplanung in der Verhaltenstherapie. In: Schulte D (Hrsg) Diagnostik in der Verhaltenstherapie. Urban & Schwarzenberg, München, S 75–104
Seligman MEP (1979) Erlernte Hilflosigkeit. Urban & Schwarzenberg, München
Ullrich R, Ullrich de Muynck R (1980) Diagnostik und Therapie sozialer Störungen. Pfeiffer, München
Wittchen HU, Lässle R (1985) Das situationsbezogene Entspannungsprogramm für chronische Migränepatienten. In: Wittchen HU, Brengelmann JC (Hrsg) Psychologische Therapie bei chronischen Schmerzpatienten. Springer, Berlin Heidelberg New York Tokyo, S 23–50
Wolff HG (1963) Headache and other head pain. Oxford University Press, New York
Wolpe J (1972) Praxis der Verhaltenstherapie. Huber, Bern

Ambulantes Gruppentherapieprogramm für Patientinnen mit Bulimia nervosa

J. Kinzl

Es ist geplant, ab Herbst 1987 zwei Gruppen von Bulimiepatientinnen parallel zu führen, wobei in beiden Gruppen eine ausführliche Information und Aufklärung über das Krankheitsbild stattfinden wird, in der ersten Gruppe eine zusätzliche kognitive Therapie, in der zweiten Gruppe eine mehr auf soziale und Beziehungsaspekte ausgerichtete Therapie durchgeführt werden wird.

Vorausgeschickt werden muß, daß es keine spezifische und effiziente Behandlungsmethode für Bulimie gibt. Dies hat dazu geführt, daß Verhaltenstherapeuten einen kombinierten und ekletischen Behandlungsansatz bevorzugen, d.h. eine Art Behandlungspaket anbieten, während die Durchführung eines Therapieansatzes selten ist.

Kognitiver verhaltenstherapeutischer Ansatz (Fairburn 1884): In der Regel erstreckt sich eine Therapie über mehrere Monate (2–6 Monate) und kann in drei Phasen unterteilt werden:

- In der ersten Phase liegt der Schwerpunkt auf der Unterbrechung der pathologischen Eßgewohnheiten;
- die zweite Phase dient der Aufdeckung und Infragestellung von Gedanken, Überzeugungen und Werthaltungen, welche das Eßverhalten aufrechterhalten, und auf der Erfassung und Überprüfung zugrundeliegender irrationaler Überzeugungen und Werthaltungen;
- in der dritten Phase soll auf das Therapieende vorbereitet und ein Plan zur Erhaltung des erzielten Fortschrittes mit der Vorwegnahme zukünftiger Problemsituationen entworfen werden.

Wie in jeder Psychotherapie dient der Beginn der Herstellung einer tragfähigen therapeutischen Beziehung. Die Inanspruchnahme therapeutischer Hilfe und die Aufnahme einer therapeutischen Beziehung wird von den meisten Patientinnen mit sehr ambivalenten Gefühlen und Einstellungen erlebt. Als Endpunkt einer oft langjährigen Krankheitskarriere mit zunehmenden Kontrollverlusten, Selbstzweifel und Depressionen bedeutet der Beginn einer Behandlung nicht nur die Entlassung aus der Verantwortlichkeit für das eigene Verhalten oder Hoffnung auf Hilfe und Unterstützung. Behandlung heißt ebenfalls Verzicht auf kurzfristige Möglichkeiten zur Spannungsreduktion und Bedürfnisbefriedigung durch Essen oder Infragestellung und Aufgeben des extremen Schlankheitsideals und dokumentiert mehr oder weniger öffentlich eigenes Versagen, Schwäche und Minderwertigkeit.

Die Entscheidung zur Inanspruchnahme psychotherapeutischer Hilfe ist für bulimische Patientinnen ein Kompromiß aus verschiedenen eigenen und fremden, sich häufig auch widersprechenden Motiven, die aus subjektiven Leiden, konkurrierenden inneren und äußeren Anforderungen, Ergebnissen kognitiver Vorgänge (Beurteilung des Verhaltens als selbstverschuldet oder der Sucht ausgeliefert), Scham, Schuld- und Minderwertigkeitsgefühlen, Selbstzweifel und Mißtrauen, sozialen Druck und Widerstand dagegen oder Befürchtungen bezüglich der Zukunft bestehen.

Im Umgang ist eine annehmende Haltung und echte Sorge um die Patientin notwendig, vor allem auch, weil die Patientinnen meist starke Befürchtungen haben, wegen ihres bizarren Verhaltensmusters abgelehnt zu werden und selbst die größten Schuld- und Schamgefühle erleben, weil sie den geforderten Verhaltensnormen nicht entsprechen können.

Es sollte ein strukturierter Eßplan mit regelmäßigen Mahlzeiten, am besten 5 auf den Tag verteilt, vereinbart werden. Die Mitarbeit bezüglich dieser Vereinbarung ist eine notwendige Voraussetzung für das Gelingen der Therapie. Als Hilfestellung empfehlen wir den Patientinnen im voraus einen Eßplan aufzustellen, unabhängig vom Hunger und Sättigungsgefühl in der Situation der Nahrungsaufnahme. Damit sollen Entscheidungen kurz oder während des Essens vermieden werden, die zur Verunsicherung führen und in dieser Phase eine Überforderung darstellen. Zusätzliche Hilfestellungen sind die Beeinflussung der Verfügbarkeit, Zugänglichkeit und Situation der Nahrungsaufnahme, um damit die Wahrscheinlichkeit des bulimischen Verhaltens einzuschränken.

Ferner wird mit der Patientin besprochen, daß die Behandlung einer Eßstörung nur dann sinnvoll ist, wenn sie bereit ist, ihr Gewicht zu halten bzw. auch eine Gewichtszunahme während der Behandlung zu akzeptieren, die sich meist als Folge des regelmäßigen Eßverhaltens anfangs ergibt. Wir erläutern den Patientinnen, daß sich das individuelle Körpergewicht mit einer ausgewogenen Ernährung und ausgeglichener Lebensweise von selbst einstellt und daß ihre Eßprobleme wesentlich dadurch entstanden sind, daß sie aufgrund ihrer extremen Schlankheitsnormen ständig ein Körpergewicht zu erreichen versuchen, das unterhalb des biologischen Gleichgewichts ihres Körpers liegt (Setpoint-Theorie). Weiters wird regelmäßiges Wiegen einmal pro Woche vereinbart.

Ein ganz wesentlicher Punkt ist eine genaue Information und Aufklärung der Patientinnen über die körperlichen und psychischen Folgen des Fastens, der Freßattacken, des Erbrechens und des Laxantienabusus. Es wird ausführlich erläutert, warum starkes Verlangen nach Nahrung und Eszesse bei der Nahrungsaufnahme wesentlich durch die vorausgegangenen selbstauferlegten Ernährungsrestriktionen bedingt ist.

Die Betonung physiologischer Faktoren für die Aufrechterhaltung der Eßstörung ist in der ersten Behandlungsphase nicht nur eine dem körperlichen Zustand angemessene Attribuierung, sondern entlastet auch die Patientin, die die bisherigen Mißerfolge in der Bewältigung ihrer Krankheit wesentlich ihrer eigenen Schwäche und Minderwertigkeit zuschreibt und starke Ängste vor Ablehnung und Zurückweisung entwickelt hat.

Die Verpflichtung zur Mitarbeit wird weniger auf eine sofortige erfolgreiche Kontrolle des symptomatischen Verhaltens bezogen, sondern auf eine aktive Mitarbeit an der schrittweisen Einführung präventiver Maßnahmen zur Verhinderung des symptomatischen Verhaltens, wie regelmäßige Nahrungsaufnahme, Tagesplanung oder aktive Auseinandersetzung mit auslösenden Bedingungen. In einer späteren Therapiephase soll im Sinne eines „Antidiätkurses“ erarbeitet werden, was Diäten bewirken; es soll u. a. zum Aufgeben der Diäten motiviert werden.

Selbstkontrolle

Die Patientin wird von Beginn der Therapie an angehalten, ein Tagebuch zu führen. Die Aufzeichnungen allein bringen die Patientin oft dazu, bewußt zu essen. Die Patientin soll die Aufmerksamkeit auch auf die dem Heißhungeranfall vorausgehenden belastenden Geschehnisse oder Gefühle richten, d. h. daß der Patientin geholfen werden muß, belastende Ereignisse, negative Gefühle und Gedanken, die bei ihr das Bedürfnis auslösen, unkontrolliert zu essen, zu erkennen und zu bewältigen. Der Schwerpunkt der Therapie wird nicht auf dem unkontrollierbaren Appetit der Patientin, sondern auf den daraus resultierenden Schuld- und Angstgefühlen liegen.

Bedingungsanalyse und Analyse der Funktionen von Heißhungerattacken und selbstinduziertem Erbrechen

Die Verhaltensanalyse versucht eine direkte Messung der Reaktionsweisen einer Person, bezogen auf unterschiedliche Lebenssituationen; es geht also darum, was eine bestimmte Person in einer aktuellen konkreten spezifischen Situation tut. Es wird davon ausgegangen, daß menschliches Verhalten durch die soziale Lerngeschichte wie auch durch situative Bedingungen und durch die positiven oder negativen Konsequenzen des Verhaltens kontrolliert wird. Die ausgewählten Informationen sind:

- Konkrete Merkmale der Situation (erleichternde, erschwerende Bedingungen für das Zielverhalten);
- Erwartungen, Einstellungen, Regeln;
- somatische, biologische, physiologische Variable;
- Verhaltensausprägungen (Motorik, Emotionen, Kognitionen, Häufigkeiten, Defizite, Exzesse, Kontrolle);
- Konsequenzen zu unterschiedlichen Zeitpunkten (kurz-, langfristig) mit unterschiedlicher Qualität (positiv/negativ) und mit unterschiedlichen Loci (intern/extern).

Dem Heißhungeranfall gehen meist aversive innere oder äußere Reizbedingungen voraus, die sich in Ärger, Enttäuschung, Langeweile, Traurigkeit, Angst, körperlicher Unruhe oder Reizbarkeit äußern können. Die Patientin soll lernen, auslösende Ereignisse wahrzunehmen, z.B. Trennungsituationen, Verlusterlebnisse, Kränkungen usw. Eine Analyse dieser Bedingungen mit Hilfe des Tagebuches und die Erarbeitung von Alternativverhalten kann der Patientin helfen, ihr Verhalten „Freßattacke“ oder „Erbrechen“ durch eine adäquatere Verhaltensweise zu ersetzen.

Das problematische Eßverhalten ist ein Versuch, mit der Welt zurechtzukommen; es hat die Funktion des Schutzes und der Aufrechterhaltung der emotionalen Balance; Gefühle zu haben bedeutet oft Hilflosigkeit, aufkommende Debalance wird durch das bulimische Verhalten reguliert, Frust und Spannungen können kurzfristig abgebaut werden. Die Patientinnen haben oft nicht gelernt, mit den diese Gefühle auslösenden Situationen adäquat umzugehen. Es wird mit den Patientinnen gemeinsam nach Lösungen gesucht, mit den obengenannten Reizen anders umzugehen, spannungsreduzierende Verhaltensweisen (u. a. Sport) aufzubauen und die Abhängigkeit von Nahrung durch die Entwicklung psychischer und interaktioneller Fähigkeiten zu reduzieren. Zur Vermeidung und Reaktionsverhinderung von Freßanfällen und Erbrechen werden auch für kritische Situationen vorher alternative Aktivitäten geplant, die mit dem unerwünschten Verhalten unvereinbar sind (z. B. ein Aufsuchen von Freunden oder Cotherapeuten, Durchführen bestimmter Aufgaben, Gymnastik, Baden usw.).

Damit ist bereits ein weiterer verhaltenstherapeutischer Schritt erwähnt, nämlich die Reaktionsverhinderung (response prevention); hierbei wird also die äußere Situation so gestaltet, daß die bisherige unangemessene Reaktion (z. B. Heißhungerattakken und Erbrechen) durch Einführung inkompatibler Verhaltensweisen, z. B. Treffen von Freunden, verändert wird. Diese Methode wird in der Verhaltenstherapie besonders bei Zwängen eingesetzt.

Bei der Bulimie hat das Erbrechen nach einer Freßattacke eine ähnliche Funktion wie das Waschen beim Waschzwang, nämlich die des Wiedergutmachens, wodurch die Störung aufrechterhalten wird, da die Entlastung von der Angst, dick zu werden, eine starke, kurzfristig positive Verstärkung darstellt.

Eine Vereinbarung, vor der unangemessenen symptomatischen Verhaltensweise eine möglichst angenehme Tätigkeit – wie z. B. Briefe schreiben – durchzuführen, um damit den Freßanfall oder das Erbrechen hinauszuzögern, hat sich bei einigen Patientinnen bewährt, ebenso die Einübung sog. „Copingphrasen“ (z. B. ich muß die Nahrung zu mir nehmen wie ein Medikament) als kognitive Bewältigungsstrategie.

Wichtig ist auch aufgrund der zumeist bestehenden Neigung zu Perfektionismus und der daraus resultierenden Gefahr der Überforderung die Freizeit bzw. den Tagesablauf zu strukturieren. Es soll mit Zeit- und Tätigkeitsplänen gearbeitet werden; in kleinen Schritten werden dabei aufgegebene Interessen wieder integriert, so daß über eine effektivere Selbstregulation und die wachsende Akzeptanz eigene Fähigkeiten und Bedürfnisse sowie subjektive Erfolgserlebnisse erfahrbar werden und zu einer Steigerung des Selbstwertgefühls beitragen. Außerdem werden wir zur Entwicklung von Außeninteressen, Wiederherstellung freundschaftlicher Bindungen und Einweihen wichtiger Bezugspersonen in das Problem ermutigen. Eine Einbeziehung von Freunden oder Familienangehörigen ist dann geplant, wenn es Hinweise gibt, daß eine Änderung des sozialen Kontextes notwendig ist, z. B. wenn ein starker sekundärer Krankheitsgewinn durch Aufmerksamkeit das Symptom aufrecht erhält.

Im Verlaufe der Therapie versuchen wir, mit Hilfe von sog. Eßprotokollen, die die Patientinnen selbst anfertigen sollen, noch genauer das Eßverhalten und die auslösenden und aufrechterhaltenden Faktoren zu analysieren sowie kleine Schritte zu deren Veränderung zu erarbeiten. Da die Patientinnen oft Schwierigkeiten haben, Gefühle zu nennen, werden ihnen diese z. T. vorgegeben, wie z. B. Ärger, Langeweile usw. Sie sollen dann angeben, zu welchen Nahrungsmitteln sie greifen und welche möglichen Alternativen es dazu gibt.

Ein weiterer Therapieschritt ist das Gruppentraining in sozialen Fertigkeiten: Ziel dabei ist es, die eigenen Bedürfnisse und Rechte zu erkennen. Im Rollenspiel können die Patientinnen problematische Situationen konkret üben. Dabei soll es weniger um Selbstbehauptung, als vielmehr um eine in dem Gesamtkontext sinnvolle, die Bedürfnisse der Patientin und der anderen Beteiligten berücksichtigende Problemlösung gehen, bei der die Patientinnen eine Spannungsreduktion erzielen können.

Kognitive Therapie

In der einen Gruppe wird dieser Schritt, nämlich das Aufdecken und Infragestellen von Gedanken, Überzeugungen und Werthaltungen, welche das pathologische Eßverhalten perpetuieren, im Vordergrund stehen.

Häufige Kognitionsmuster sind:

- Dichotomes oder „Alles-oder-nichts"-Denken oder Denken in extremen und absoluten Begriffen, wie z.B. „wenn ich 1 Kilogramm zunehme, werde ich endlos zunehmen" usw.
- Übergeneralisierung oder das Aufstellen einer Regel auf der Basis nur einer einzigen Begebenheit und die Übertragung dieser Regel auf andere Situationen.
- Übertreibung oder die Überschätzung der Wichtigkeit von unerwünschten Konsequenzen z.B. „2 Kilogramm zuzunehmen, wäre eine Katastrophe".

Die Patientinnen werden aufgefordert, die meist unwillentlich auftretenden, oberflächlich, oft plausibel erscheinenden dysfunktionalen Gedanken aufzuschreiben; in der Folge sollen diese Überzeugungen und Werthaltungen in Form eines sokratischen Dialogs bewertet und überprüft werden; ein weiterer Schritt ist die Veränderung der Gedanken und die Bestimmung der Wirkung der veränderten Gedanken.

Auf der Verhaltensebene sollen kalorienreiche Nahrungsmittel, die die Patientin vermeidet zu essen bzw. wenn sie sie ißt, zu Kontrollverlust führen, zunehmend in den täglichen Essensplan eingebaut werden. Verbotene Nahrungsmittel müssen dann als erlaubte, ja sogar therapeutisch erwünschte umdefiniert werden; auch um gegen diesen pathologischen Einfluß zu immunisieren, d.h. die Patientinnen sollen sich den angstauslösenden Situationen aussetzen, statt sie zu vermeiden (Exposure).

Um den Teufelskreis nach dem Freßanfall oder Erbrechen zu unterbrechen, ist es auf der Verhaltensebene notwendig, daß die Patientinnen nach einem Freßanfall trotzdem die nächste vereinbarte Mahlzeit zu sich nehmen, um nicht wieder in den Kreislauf von Nahrungseinschränkung-Freßanfall-Erbrechen zu geraten. Im Sinne von kognitiven Bewältigungsstrategien ist es deshalb notwendig, Freßanfall oder Erbrechen, wenn sie geschehen sind, zu entdramatisieren, evtl. positiv umzudefinieren als Lernerfahrung oder als Hinweis auf unbewußte Bedürfnisse oder Probleme zur Veränderung des sonst zwangsläufig folgenden Teufelskreises.

Literatur

Biebl W (1986) Anorexia nervosa. Enke, Stuttgart
Fairburn CHG (1984) Cognitive behavioral treatment for bulimia nervosa. In: Garner DM, Garfinkel PE (eds) Handbook of psychotherapy for anorexia nervosa and bulimia. Guilford Press, New York
Fichter MM (1985) Magersucht und Bulimie. Springer, Berlin Heidelberg New York Tokyo
Meermann R, Vandereycken W (1987) Therapie der Magersucht und Bulimia nervosa. De Gruyter, Berlin
Miltner W, Birbaumer N, Gerber WD (1986) Verhaltensmedizin. Springer, Berlin Heidelberg New York Tokyo
Schmitz B (1987) Ein integrativer verhaltensmedizinisch orientierter Ansatz zur Pathogenese und stationären Behandlung der Bulimie. Verhaltensmod Verhaltensmed 1: 27–62

Übertragung – Gegenübertragung – Widerstand. Psychoanalytische und integrative Gesichtspunkte der psychosomatischen Medizin

W. Wesiack

Bereits im einführenden Beitrag haben wir darauf hingewiesen, daß die Psychoanalyse eine Grundlagenwissenschaft der psychosomatischen Medizin ist. Mittels psychoanalytischer Methodik war es erstmals möglich, die subjektiven Erlebnisse der Patienten und den Interaktionsprozeß zwischen Arzt und Patient systematisch zu erforschen. Es ist deshalb zweckmäßig, einige psychoanalytische Grundbegriffe zu erläutern, die in der täglichen Arbeit mit unseren Patienten von Bedeutung sind.

In seinem umfangreichen Werk hat uns Freud mehrere Definitionen dessen gegeben, was wir unter Psychoanalyse zu verstehen haben. Eine der klarsten Definitionen ist am Anfang seines Aufsatzes *Psychoanalyse und Libidotheorie* zu finden. Sie lautet: „Psychoanylyse ist der Name 1. eines Verfahrens zur Untersuchung seelischer Vorgänge, welche sonst kaum zugänglich sind; 2. einer Behandlungsmethode neurotischer Störungen, die sich auf diese Untersuchung gründet; 3. einer Reihe von psychologischen, auf solchem Wege gewonnenen Einsichten, die allmählich zu einer neuen wissenschaftlichen Disziplin zusammenwachsen" (G.W. Bd. XIII, S. 211). Über die Grundpfeiler der psychoanalytischen Theorie schreibt Freud in der gleichen Arbeit: „Die Annahme unbewußter seelischer Vorgänge, die Anerkennung der Lehre vom Widerstand und der Verdrängung, die Einschätzung der Sexualität und des Ödipus-Komplexes sind die Hauptinhalte der Psychoanalyse und die Grundlagen ihrer Theorie, und wer sie nicht alle gutzuheißen vermag, sollte sich nicht zu den Psychoanalytikern zählen" (G.W. Bd. XIII, S. 223). Und wieder einige Seiten weiter heißt es: „Die Psychoanalyse ist kein System wie die philosophischen, das von einigen scharf definierten Grundbegriffen ausgeht, mit diesen das Weltganze zu erfassen sucht, und dann, einmal fertig gemacht, keinen Raum mehr hat für neue Funde und bessere Einsichten. Sie haftet vielmehr an den Tatsachen ihres Arbeitsgebietes, sucht die nächsten Probleme der Beobachtung zu lösen, tastet sich an der Erfahrung weiter, ist immer unfertig, immer bereit, ihre Lehren zurechtzurücken oder abzuändern. Sie verträgt es so gut wie die Physik oder die Chemie, daß ihre obersten Begriffe unklar, ihre Voraussetzungen vorläufige sind, und erwartet eine schärfere Bestimmung derselben von zukünftiger Arbeit" (G.W. Bd. XIII, S. 229).

Diesen kurzen und prägnanten Ausführungen Freuds ist nichts hinzuzufügen. Sie bedürfen auch keiner besonderen Erläuterung. Erwähnenswert erscheint mir lediglich die Tatsache, daß es hier ein mit weit überdurchschnittlichen Einfülungsvermögen, mit geduldiger, präziser Beobachtungsgabe, einer ingeniösen, kreativen Phantasie und einem scharfen, kombinatorischen Verstand ausgestatteter, ursprünglich streng naturwissenschaftlich-neuropathologisch ausgebildeter Arzt in schöpferischer

Wechselwirkung von praktischer Tätigkeit und theoretischer Reflexion zuwege brachte, ein medizinpsychologisches Behandlungsverfahren und eine Theorie zu entwicklen, die zwar zunächst als Antithese zur herrschenden naturwissenschaftlich-organologischen Medizin empfunden wurde, allmählich aber im Begriffe steht, der gesamten modernen Medizin richtungsweisende neue Impulse zu vermitteln.

Der Weg von der Neurologie zur Psychoanalyse führt über die Hypnose und die von Josef Breuer entdeckte Psychokatharsis. Nachdem Freud sich in Wien als Nervenarzt niedergelassen hatte, arbeitete er zunächst, wie bereits erwähnt, über ein Jahr lang als naturwissenschaftlich ausgerichteter Neurologe, d. h. er verordnete in erster Linie sedierende Medikamente, Hydro- und Elektrotherapie, Massagen und ähnliches, wie es damals und z. T. auch heute noch üblich war und ist. Das Unbefriedigende dieses Tuns ließ ihn jedoch bald nach anderen Therapiemöglichkeiten Ausschau halten. Bei Charcot hatte er die Phänomenologie der Hysterie und die Technik der Hypnose kennengelernt, und zu Beginn seiner Krankenhaustätigkeit hatte ihm Josef Breuer, ein außerordentlich angesehener und gesuchter Wiener Internist, mit dem Freud damals befreundet war, von der Behandlung einer 21jährigen Patientin mit hysterischen Symptomen berichtet. Breuer hatte bei der Behandlung dieser jungen Frau, die als „Anna O." in die medizinische Literatur Eingang gefunden hat, eine Reihe von wichtigen Entdeckungen gemacht, die für Freud und die Entwicklung der Psychoanalyse richtungsweisend waren. Diese Krankengeschichte soll deshalb hier kurz referiert werden:

Breuer hatte Anna O. 1881/82 anderthalb Jahre lang behandelt. Die Patientin, die sich später unter ihrem richtigen Namen Bertha Pappenheim auf dem Gebiet der Sozialfürsorge und in der Frauenbewegung große Verdienste erworben hat, war zur Zeit der Behandlung durch Breuer Anfang zwanzig, hochintelligent und gebildet. Sie hatte bei der Pflege ihres tödlich erkrankten Vaters eine Fülle von Symptomen aus dem hysterischen Formenkreis entwickelt. Freud, der die Patientin selbst nicht behandelt hatte und sie nur aus der Schilderung Breuers kannte, schrieb Jahrzehnte später in seiner Selbstdarstellung: „Als Breuer sie übernahm, bot sie ein buntes Bild von Lähmungen mit Kontrakturen, Hemmungen und Zuständen von psychischer Verworrenheit. Eine zufällige Beobachtung ließ den Arzt erkennen, daß sie von einer solchen Bewußtseinstrübung befreit werden konnte, wenn man sie veranlaßte, in Worten der affektiven Phantasie Ausdruck zu geben, von der sie eben beherrscht wurde. Breuer gewann aus dieser Erfahrung eine Methode der Behandlung. Er versetzte sie in tiefe Hypnose und ließ sie jedesmal von dem erzählen, was ihr Gemüt bedrückte. Nachdem die Anfälle von depressiver Verworrenheit auf diese Weise überwunden waren, verwendete er dasselbe Verfahren zur Aufhebung ihrer Hemmungen und körperlichen Störungen. Im wachen Zustand wußte das Mädchen sowenig wie andere Kranke zu sagen, wie ihre Symptome entstanden waren und fand kein Band zwischen ihnen und irgendwelchen Eindrücken ihres Lebens. In der Hypnose entdeckte sie sofort den gesuchten Zusammenhang. Es ergab sich, daß alle ihre Symptome auf eindrucksvolle Erlebnisse während der Pflege des kranken Vaters zurückgingen, also sinnvoll waren, und Resten oder Reminiszenzen dieser affektiven Situation entsprachen. Gewöhnlich war es so zugegangen, daß sie am Krankenbett des Vaters einen Gedanken oder Impuls hatte unterdrücken müssen; an dessen Stelle, in seiner Vertretung, war dann später das Symptom erschienen. In der Regel war aber das Symptom nicht der Niederschlag einer einzigen ‚traumatischen' Szene, sondern das Ergebnis der Summation von zahlreichen ähnlichen Situationen. Wenn nun die Kranke in der Hypnose eine solche Situation halluzinatorisch wieder erinnerte und den damals unterdrückten seelischen Akt nachträglich unter freier Affektentfaltung zu Ende führte, war das Symptom weggewischt und trat nicht wieder auf. Durch dies Verfahren gelang es Breuer in langer und mühevoller Arbeit, seine Kranke von all ihren Symptomen zu befreien" (G. W. Bd. XIV, S. 44/45).

Breuer hatte also mit Hilfe einer begabten hysterischen Patientin ein neues therapeutisches Verfahren entdeckt, das die Patientin selbst (die zeitweilig nicht mehr deutsch, sondern nur noch englisch sprechen konnte) "the talking cure" oder "chimney sweeping" nannte und dem er die Bezeichnung *Psychokatharsis* gab. Freud war von dem Bericht Breuers so beeindruckt, daß er sich die Frage stellte, „ob man verallgemeinern dürfe, was er an einem einzigen Krankheitsfalle gefunden. Die von ihm aufgedeckten Verhältnisse erschienen mir so fundamentaler Natur, daß ich nicht glauben konnte, sie würden bei irgendeinem Falle von Hysterie vermißt werden können, wenn sie einmal bei einem einzigen nachgewiesen waren. Doch konnte nur die Erfahrung darüber entscheiden. Ich begann also die Breuerschen Untersuchungen an meinen Kranken zu wiederholen und tat, besonders nachdem mir der Besuch bei Bernheim 1889 die Begrenzung in der Leistungsfähigkeit der hypnotischen Suggestion gezeigt hatte, überhaupt nichts anderes mehr. Als ich mehrere Jahre hindurch immer nur Bestätigungen gefunden hatte, bei jedem Fall von Hysterie, der solcher Behandlung zugänglich war, auch bereits über ein stattliches Material von Beobachtungen verfügte, die der seinigen analog waren, schlug ich ihm eine gemeinsame Publikation vor, gegen die er sich anfangs heftig sträubte" (G. W. Bd. XIV, S., 45/46).

Die bekannten *Studien über Hysterie* (G. W. Bd. I, S. 75 ff.) sind diese gemeinsame Publikation. Dort schreiben die Autoren, daß die verschiedenen Symptome, welche für spontane, sozusagen idiopathische Leistungen der Hysterie gelten, in ... stringentem Zusammenhange mit dem veranlassenden Trauma stehen ..." (ebd., S. 82) und „daß die einzelnen hysterischen Symptome sogleich und ohne Wiederkehr verschwanden, wenn es gelungen war, die Erinnerung an den veranlassenden Vorgang zu voller Helligkeit zu erwecken, damit auch den begleitenden Affekt wachzurufen, und wenn dann der Kranke den Vorgang in möglichst ausführlicher Weise schilderte und dem Affekt Worte gab. Affektloses Erinnern ist fast immer völlig wirkungslos; der psychische Prozeß, der ursprünglich abgelaufen war, muß so lebhaft als möglich wiederholt, in statum nascendi gebracht und dann ‚ausgesprochen' werden" (ebd., S. 85). Weiter unten heißt es dann, „der Hysterische leide größtenteils an Reminiszenen" (ebd., S. 86). Dies wird dann noch weiter ausgeführt: „Aus unseren Beobachtungen geht nun hervor, daß jene Erinnerungen, welche zu Veranlassungen hysterischer Phänomene geworden sind, sich in wunderbarer Frische und mit ihrer vollen Affektbetonung durch lange Zeit erhalten haben. Wir müssen aber als eine weitere auffällige und späterhin verwertbare Tatsache erwähnen, daß die Kranken nicht etwa über diese Erinnerungen wie über andere ihres Lebens verfügen. Im Gegenteil, diese Erlebnisse fehlen dem Gedächtnisse der Kranken in ihrem gewöhnlichen psychischen Zustande völlig oder sind nur höchst summarisch darin vorhanden. Erst wenn man die Kranken in der Hypnose befragt, stellen sich diese Erinnerungen mit der unverminderten Lebhaftigkeit frischer Geschehnisse ein" (ebd., S. 88).

Die therapeutische Wirkung dieser Methode wird dann so erklärt: „Sie hebt die Wirksamkeit der urspünglich nicht abreagierten Vorstellung dadurch auf, daß sie dem eingeklemmten Affekte derselben den Ablauf durch die Rede gestattet, und bringt sie zur assoziativen Korrektur, indem sie dieselbe ins normale Bewußtsein zieht (in leichter Hypnose) oder durch ärztliche Suggestion aufhebt, wie es im Somnambulismus mit Amesie geschieht" (ebd., S. 97).

Diese Erkenntnis bestätigt sich allen psychotherapeutisch erfahrenen Ärzten tagtäglich. Das Jahrzehnte später niedergeschriebene und seither immer wieder zitierte Wort Freuds „Wo Es war, soll Ich werden" (G. W. Bd XV, S. 86) darf also nicht, wie es leider durch falsch verstandene populärwissenschaftliche Literatur nur allzuoft geschieht, rationalistisch fehlinterpretiert werden. Das affektlose Erinnern bewirkt nicht viel, erst das Wiedererinnern und Entbinden der Affekte erschüttert und verändert!

Die *Studien über Hysterie* bleiben die erste und einzige gemeinsame Publikation von Freud und Breuer, da sie sich bald uneins darüber wurden, wie man das Phänomen „Hysterie" zu interpretieren habe. Breuer neigte zu einer mehr physiologischen, die angeborenen Momente betonenden Theorie. In Übereinstimmung mit dem französischen Psychiater Janet, der auch ein Schüler Charcots war, vertrat Breuer die *Hypnoidtheorie*. Er war der Meinung, daß die Hysterie gewissermaßen durch eine hypnoide Erlebnisspaltung entstehe, die nicht durch Erlebnisse, sondern in erster Linie durch die angeborene Konstitution hervorgerufen wurde. Für Freud war im Gegensatz dazu die Hysterie eine *Abwehrneurose*, hervorgerufen durch das Verdrängen unerträglicher Affekte. Als Freud schließlich erkannte, daß die verdrängten Affekte meist sexueller natur waren, und er sich systematisch für das Sexualleben seiner Patienten interessierte, konnte und mochte ihm Breuer nicht mehr folgen.

Nachdem Freud später dann nicht nur den *Widerstand*, sondern auch die *Übertragung* entdeckt hatte und nicht zuletzt deshalb die Hypnose als therapeutische Methode aufgegeben und durch die Technik der *freien Assoziation* ersetzt hatte, war er im Besitz seiner, nämlich der psychoanalytischen Methode, mit der er nun darangehen konnte, seine Patienten systematisch zu untersuchen.

Viel wichtiger als die Theorie der Psychoanalyse, die sog. Metapsychologie, die Freud selber in seiner Selbstdarstellung den „spekulativen Überbau der Psychoanalyse" genannt hat, „von dem jedes Stück ohne Schaden und Bedauern geopfert oder ausgetauscht werden kann, sobald eine Unzulänglichkeit erwiesen ist" (G. W. Bd. XIV, S. 58), ist für unsere Betrachtungsweise die psychoanalytische Methode. Sie ist es, die erstmals einen neuen wissenschaftlichen Zugang zur Subjektivität des Menschen bahnte, die sich der naturwissenschaftlichen Objektivierung bisher zwangsläufig verschlossen hatte und lediglich philosophischer Kontemplation und Spekulation zugänglich gewesen war. Ich möchte mich Jürgen Habermas anschließen, der gesagt hat: „Die Psychoanlayse ist für uns als das einzige greifbare Beispiel einer methodisch Selbstreflexion in Anspruch nehmenden Wissenschaft relevant. Mit der Entstehung der Psychoanalyse eröffnet sich die Möglichkeit eines methodologischen, von der Logik der Forschung selbst gebahnten Zugangs zu jener vom Positivismus verschütteten Dimension" (1968, S. 262f). Habermas kommt zu dem Schluß, daß diese Möglichkeit durch „das szientistische Selbstmißverständnis der Psychoanalyse, das Freud, der Physiologe, der er von Haus aus war, selber inauguriert hat" (ebd.) nicht genützt wurde, weil die Psychoanalyse, „Hermeneutik mit Leistungen, die genuin den Naturwissenschaften vorbehalten zu sein schienen“ (ebd.) verbinde. Hier muß angemerkt werden, daß Freud zeitlebens davon überzeugt war, Naturwissenschaft der menschlichen Seele zu betreiben und die Psychoanalyse in der Tat für eine Naturwissenschaft hielt.

Über Breuers Psychokatharsis war Freud zur psychoanalytischen Methode gekommen, nachdem er Suggestion und Hypnose aufgegeben und durch die Technik der *freien Assoziation* ersetzt hatte. „Die technische Grundregel, dies Verfahren der ‚freien Assoziation‘, ist seither in der psychoanalytischen Arbeit festgehalten worden. Man leitet die Behandlung ein, indem man den Patienten auffordert, sich in der Lage eines aufmerksamen und leidenschaftslosen Selbstbeobachters zu versetzen, immer nur die Oberfläche seines Bewußtseins abzulesen und einerseits sich die vollste Aufrichtigkeit zur Pflicht zu machen, andererseits keinen Einfall von der Mitteilung auszuschließen, auch wenn man

1. ihn allzu unangenehm empfinden sollte, oder wenn man
2. urteilen müßte, er sei unsinnig,
3. allzu unwichtig,
4. gehöre nicht zu dem, was man suche.

Es zeigt sich regelmäßig, daß gerade Einfälle, welche die letzterwähnten Ausstellungen hervorrufen, für die Auffindung des Vergessenen von besonderem Wert sind“ (G. W. Bd. XIII, S. 215).

Freud ließ dabei seine Patienten „ohne andersartige Beeinflussung eine bequeme Rückenlage auf einem Ruhebett einnehmen ... während er selbst, ihrem Anblick entzogen, auf einem Stuhle hinter ihnen“ G. W. Bd. V, S. 5) Platz nahm. „Die Erfahrung zeigte bald, daß der analysierende Arzt sich dabei am zweckmäßigsten verhalte, wenn er sich selbst bei gleichschwebender Aufmerksamkeit seiner eigenen unbewußten Geistestätigkeit überlasse, Nachdenken und Bildung bewußter Erwartungen möglichst vermeide, nichts von dem Gehörten sich besonders im Gedächtnis fixieren wolle, uns solcher Art das Unbewußte des Patienten mit seinem eigenen Unbewußten auffange. Dann merke man, wenn die Verhältnisse nicht allzu ungünstig waren, daß die Einfälle des Patienten sich gewissermaßen wie Anspielungen an ein bestimmtes Thema herantasteten, und brauchte selbst nur einen Schritt weiter zu wagen, um das ihm selbst Verborgene zu erraten und ihm mitteilen zu können. Gewiß war diese Deutungsarbeit nicht streng in Regeln zu fassen und ließ dem Takt und der Geschicklichkeit des Arztes einen großen Spielraum, allein wenn man Unparteilichkeit mit Übung verband, gelangte man in der Regel zu verläßlichen Resultaten, d. h. heißt zu solchen, die sich durch Wiederholung in ähnlichen Fällen bestätigten“ (G. W. Bd. XIII, S. 215).

Diese therapeutische Anordnung – der Patient liegt entspannt und frei assoziierend auf der Couch, während der Psychoanalytiker, seinen Blicken entzogen, hinter ihm sitzt und alle seine Äußerungen aufzunehmen und zu verstehen sucht, um dieses Verständnis dann in Form von verbalen Interventionen für den Patienten nutzbar zu machen – ist bis heute der äußere Rahmen, das „Setting“ der psychoanalytischen Standardmethode geblieben.

Freud behandelte seine Patienten in dieser Weise täglich, d. h. 6mal in der Woche, und er empfand schon nach dem behandlungsfreien Sonntag eine „Montagskruste“ (G. W. Bd. VIII, S. 460), die es zu durchstoßen galt. Bei leichteren Fällen begnügte er sich allerdings bereits mit 3 Behandlungsstunden pro Woche. Von dieser psychoanalytischen Standardmethode sind alle anderen Variationen der Technik – von Eissler (1953) auch Parameter genannt –, wie Verkürzung der Behandlungsfrequenz, der Behandlungsdauer, der Behandlung im Gegenübersitzen oder in der Gruppe – abgeleitet. Heute hat man sich auf folgende Sprachregelung geeinigt: Man spricht von Psychoanalyse nur dann, wenn diese 4mal in der Woche, mindestens jedoch 3mal wöchentlich in der oben beschriebenen Anordnung stattfindet, und nennt alle anderen von dieser Standardmethode abgleitenden Variationen (Parameter) „psychoanalytisch orientierte Verfahren".

Freud hatte nun eine Methode gefunden, die man sowohl zum Zwecke der Erforschung des Seelenlebens als auch zur Behandlung von seelischen und seelisch bedingten bzw. mitbedingten Störungen verwenden konnte. Das Originelle an dieser Methode ist, daß sie dem Forscher erstmals einen wissenschaftlich-systematischen Zugang zum subjektiven Erleben des Patienten ermöglicht und damit auch psychische Phänomene, wie z. B. die Phantasien und die Übertragung und damit alle subtilen Schattierungen der Arzt-Patient-Beziehung, einer wissenschaftlichen Analyse zugänglich macht, die sich dem naturwissenschaftlich-objektivierenden Zugriff bisher entzogen haben; zugleich ist die Psychoanalyse eine Methode, die in idealer Weise Forschen und Verändern, Diagnostik und Therapeutik miteinander verbindet und damit auch ein neues Licht auf philosophische Grundfragen wirft, wie z. B. auf die Frage nach dem Verhältnis von Theorie und Praxis, nach dem, was wir „Wirklichkeit" nennen und nach den anthropologischen Grundkategorien.

Die konsequente Anwendung der psychoanalytischen Methode führte Freud zu einer Reihe von fundamentalen Entdeckungen, wie etwa dieser: Die „verborgenen Zielvorstellungen" der Patienten sind nicht nur ihnen selbst unbewußt, sie sind auch so gut wie immer triebbedingt. Da sie mit der bewußten Zielvorstellung der Person, dem sog. „Ich" und den im „Überich" introjizierten Normen der Gesellschaft nicht vereinbar sind, werden sie abgewehrt und damit nicht nur am Bewußtwerden, sondern an jeglicher Integration und harmonischen Verschmelzung mit der Gesamtpersönlichkeit gehindert. Die triebbedingten „verborgenen Zielvorstellungen" werden gleichsam zu störenden Fremdkörpern innerhalb der psychischen Struktur des Patienten, konstituieren mit den abwehrenden Instanzen „Ich" und „Überich" einen ungelösten intrapsychischen Konflikt und führen so zu den verschiedensten Symptomen.

Die sich daran anschließenden Entdeckungen Freuds waren folgende: Die „verborgenen Zielvorstellungen" der Patienten zeigten sich nicht nur in ihren Träumen, Fehlhandlungen und Symptomen, sondern in allen ihren Äußerungen und Mitteilungen – sofern man nur darauf achtete. Freud erkannte, daß die neurotisch Kranken so gut wie immer nicht nur die Person des Arztes, sondern auch alle anderen wichtigen Beziehungspersonen, wie Familienangehörige, Vorgesetzte, Mitarbeiter und Untergebene, unbewußt in ihre neurotischen Konflikte einbeziehen; er nannte dies die „Übertragung". In der *Übertragung* manifestieren sich also die alten, urspünglichen, infantilen Verhaltensmuster, die mit den Forderungen der Realität meist unvereinbar sind. Aufgabe der psychoanalytischen Therapie aber ist es, die Manifestationen der Übertragung möglichst auf den Arzt zu konzentrieren, weil sie auf dieser Ebene einer therapeutischen Bearbietung und Auflösung am besten zugänglich sind. „Was sind die Übertragungen? Es sind Neuauflagen, Nachbildungen von den Regungen und Phantasien, die während des Vordringens der Analyse erweckt und bewußt gemacht werden sollen, mit einer für die Gattung charakteristischen Ersetzung einer früheren Person durch die Person des Arztes" (G. W. Bd. V, S. 275). Die sich in allen mitmenschlichen Beziehungen manifestierende Übertragung nannte Argelander später treffend die *Szene*; er meint damit die „situationsgerechte Darstellung einer unbewußten, infantilen Konfiguration – einer relativ stabilen, persönlichkeitsgebundenen Triebszene" (Psyche 24, 1970, S. 325). Demnach ist *szenisches Verstehen* eine der wichtigsten Aufgaben des Psychoanalytikers. Da sich „die Szene" im Gegensatz zu anderen objetiven und subjektiven Informationen der Patienten, die oft erst nach längerer Zeit zu erhalten sind, meist „in Sekundenschnelle" schon im ersten Sprechstundeninterview entfaltet, ist das „szenische Verstehen" vor allem für die Sprechstundenpsychotherapie von überragender Bedeutung (vgl. auch Goldschmidt, 1973, S. 1022).

Nachfolgend wollen wir die *Übertragung* und die *Szene* durch einfache Fallbeispiele illustrieren:

Eine in Psychoanalyse stehende Patientin eröffnete die Behandlungsstunde mit heftigen Vorwürfen gegen mich. Sie hatte in der Zeitung gelesen, daß sich eine Verwandte von mir in einer parteipolitischen Richtung betätigte, die nicht auf ihre (und übrigens auch nicht auf meine) Sympathie und Zustimmung gestoßen war. Sie überschüttete mich mit Vorwürfen und war über meine „Unzuverlässigkeit", darüber, daß ich sie auf das tiefste „enttäuscht" habe, sehr aufgebracht, bis es gelang, den Übertragungsaspekt ihrer Erregung herauszuarbeiten. Auf Grund von teils bekannten, teils in dieser Stunde neu in der Erinnerung auftauchenden Erlebnissen und biographischen Tatsachen konnte ihr gezeigt werden, wie sehr sie, ausgelöst durch die Zeitungsnotiz, Enttäuschungsgefühle und ein daraus entspringendes tiefes Mistrauen auf mich übertragen hatte, das ursprünglich dem Vater galt und seither alle ihre Beziehungen zu Männern störte.

Das, was die Patientin in dieser Behandlungsstunde mit mir „inszeniert" hatte, kann man natürlich mit Argelander bereits eine „Szene" nennen, obwohl dieser Ausdruck in erster Linie in der psychotherapeutisch orientierten Sprechstunde, in der der Patient viel freiere Entfaltungsmöglichkeiten hat als auf der Couch des Analytikers, hilfreich ist. Auch dafür einige Beispiele.

Ein Patient z. B., der in der Sprechstunde ängstlich alle Bewegungen des Arztes beobachtet und wie zur Flucht bereit dasitzt, konstelliert im Sprechzimmer eine „Szene", die viel über seine Phantasien und Erwartungen aussagt, ebeneso wie ein Patient, der den Arzt bewundernd-vertrauensvoll anschaut und alle seine Äußerungen gleichsam in sich „aufsaugt", oder eine Patientin, die mit dem Arzt gleich von Anfang an verführerisch zu flirten beginnt.

Die Phänomene der „Übertragung" und der von ihr induzierten „Szene" sind für den Arzt ungemein wichtige diagnostische Hilfsmittel – sofern er sie zu verstehen und zu verwerten gelernt hat – und führen ihn zu der psychodiagnostisch so wichtigen Frage: Was macht er, der Patient – natürlich in erster Linie unbewußt – aus mir?

Eng verwandt mit dem Phänomen der Übertragung ist das der *Gegenübertragung*, die vorwiegend unbewußte gefühlsmäßige Einstellung und Erwartungshaltung des Arztes gegenüber dem Patienten. An der Gegenübertragung des Arztes müssen wir zwei Komponenten unterscheiden: das ubiquitäre Übertragungsphänomen, dem sich niemand ganz entziehen kann und das bewirkt, daß natürlich auch der Arzt auf Personen seiner Umgebung, also auch auf seine Patienten, Übertragungen vornimmt und vornehmen muß. So gesehen, ist das, was wir die Gegenübertragung des Arztes nennen, zunächst einmal nichts anderes als die gewöhnliche Übertragung des Arztes – die sich in diesem Fall eben auf den Patienten richtet. Damit jedoch der Arzt den Patienten infolge eigener neurotischer Übertragungen nicht allzu verzerrt wahrnimmt und dadurch seine diagnostischen und therapeutischen Möglichkeiten blokkiert, wird schon seit langem für die Ausbildungskandidaten der Psychoanalyse eine Lehranalyse und für andere psychotherapeutisch oder psychosomatisch tätige Ärzte eine psychoanalytisch orientierte Selbsterfahrung gefordert. Diese Selbsterfahrung macht die eigenen Übertragungstendenzen durchschaubarer und sensibilisert den Ausbildungskandidaten für die Wahrnehmung jener anderen diagnostisch verwertbaren Komponente der Gegenübertragung, worunter wir die spontane emotionale Reaktion des Arztes oder Analytikers auf die Übertragung des Patienten verstehen. Ein kleines Beispiel soll dies veranschaulichen: Während eines Erstinterviews mit einem an Zwangssymptomen leidenden Patienten, der mir zunächst nach dem ersten Eindruck durchaus sympatisch erscheint, verspüre ich, je länger das Gespräch dauert, ein zunehmendes Unbehagen, hinter dem ich bei subtilerem Hinspüren deutliche Ansätze von Ärger, Wut und Haß wahrnehme. Dem Kundigen zeigt sich in dieser Gefühlsreaktion die (weitgehend unbewußte) Gegenübertragung auf die ebenfalls (weitgehend unbewußte) Übertragung des Patienten an. Auf den konkreten Patienten bezogen heißt das: Die in der Gegenübertragung wahrgenommenen Gefühle von Ärger, Wut und Haß lassen für mich (empathisch) die dem Patienten selbst unbewußten, aber in seinem Übertragungsverhalten subtil wahrnehmbaren Phantasien erfahrbar werden. Hatten wir uns weiter oben zur Klärung der Übertragung des Patienten die Frage vorgelegt: Was macht der Patient aus mir?, so hilft uns umgekehrt bei der Suche nach der Gegenübertragung die Frage weiter: Was mache ich aus dem Patienten?

Nach diesen Ausführungen wird es den Leser nicht mehr wundern, daß ein Großteil der psychoanalytischen, aber natürlich auch jeder anderen analytisch orientierten Aus- oder Weiterbildung darin besteht, den Ausbildungskandidaten für die Wahrnehmung seiner Gegenübertragungsreaktionen zu sensibilisieren, da sie eines seiner wichtigsten tiefenpsychologisch-diagnostischen Instrumente ist.

Bei dem Versuch, die „verborgenen Zielvorstellungen" der Patienten bewußt zu machen und sowohl den intrapsychischen Konflikt zwischen Trieb und Triebabwehr als auch die Übertragung durchzuarbeiten, stieß Freud auf das Phänomen des *Widerstandes*. Bereits 1900 schrieb er kurz und bündig: „Was immer die Fortsetzung der Arbeit stört, ist ein Widerstand" (G. W. Bd. II/III, S. 521). Später, 1920, heißt es dann etwas detaillierter: „Das Unbewußte, das heißt das ‚Verdrängte', leistet den Bemühungen der Kur überhaupt keinen Widerstand, es strebt ja selbst nichts anderes an, als gegen den auf ihm lastenden Druck zum Bewußtsein oder zur Abfuhr durch die reale Tat durchzudringen. Der Widerstand in der Kur geht von denselben höheren Schichten und Systemen des Seelenlebens aus, die seinerzeit die Verdrängung durchgeführt haben" (G.W. Bd. XIII, S. 17). Demnach wären die Widerstände und die Abwehrmechanismen in erster Linie Ich-Leistungen gegen drohende Triebgefahren. An dieser Vorstellung hält Freud auch im wesentlichen bis an sein Lebensende fest, wenn er z.B. 1937 schreibt: „Die entscheidende Tatsache ist nämlich, daß die Abwehrmechanismen gegen einstige Gefahren in der Kur als *Widerstände* gegen die Heilung wiederkehren.

Es läuft darauf hinaus, daß die Heilung selbst vom Ich wie eine neue Gefahr behandelt wird" (G. W. Bd. XVI, S. 84).

Auch dazu ein Beispiel: Dieselbe Patientin, die ich bereits im Zusammenhang mit dem Phänomen der „Übertragung" erwähnt habe, erklärte mir eines Tages kurz und bündig, sie glaube, daß ich ihre Eltern zumindest entfernt kenne, und deshalb habe sie beschlossen, grundsätzlich nicht mehr mit mir über ihre Eltern zu sprechen! Der Widerstandscharakter dieser Äußerung und dieses Verhaltens ist ganz offensichtlich, zumal wir gerade in dieser Phase der Analyse im Begriffe waren, ihren „Ödipuskomplex" (heute spricht mach bei der Frau auch gerne vom Elektrakomplex), d. h. ihre verdrängte libidinöse Beziehung zum Vater und die durch Aggressivität und Rivalität gekennzeichnete Beziehung zu ihrer Mutter, durchzuarbeiten. Dieser bewußt und provozierend trotzig geäußerte Widerstand, der der analytischen Grundregel der freien Assoziation direkt widersprach, war aber nur gewissermaßen die Oberfläche des Widerstandes. In einer der Patientin selbst unbewußten tieferen Schicht handelte es sich um einen sog. „Übertragungswiderstand", d. h. sie mißtraute mir zutiefst, ebenso wie einst ihrem Vater, der sie so schwer enttäuscht hatte, und wiederholte mit mir das seit je in quälender Repetition immer wieder inszenierte Verhalten von trotziger Haß-Liebe.

Dieses Beispiel zeigt uns, wie eng Übertragung und Widerstand miteinander verflochten sind. Es zeigt uns aber auch, so meine ich, daß die Phänomene der Übertragung und des Widerstandes die beiden tragenden Säulen des psychoanalytischen Prozesses sind. Und noch eines: Erst wenn der Widerstand bearbeitet und reduziert ist, wird es möglich, tiefere seelische Schichten zu bearbeiten, eingedenk einer alten Freudschen Regel, immer von der psychischen Oberfläche auszugehen (G. W. Bd. V, S. 169).

Nach diesen Ausführungen könnte der Leser den Eindruck bekommen, daß psychoanalytische Therapien sehr langwierig sind und deshalb in der ärztlichen Alltagspraxis kaum Anwendung finden können. Das ist für die klassische Psychoanalyse durchaus zutreffend. Wir dürfen aber nicht vergessen, daß das tiefenpsychologisch orientierte diagnostisnh-therapeutisch ärztliche Gespräch, über das ich a. a. O. (Wesiack 1980, 1984) ausführlich berichtet habe und das auf den Erkenntnissen der Psychoanalyse aufbaut, die Grundlage jeder psychosomatischen ärztlichen Tätigkeit darstellt. Außerdem wurden aus der Psychoanalyse verschiedene Therapieformen von der Flash- und Fokaltherapie bis zu gruppentherapeutischen Methoden entwickelt, die aus der psychosomatischen Medizin nicht mehr wegzudenken sind.

Abschließend möchte ich noch das Fallbeispiel einer Fokaltherapie bringen, die sich nur auf wenige Sitzungen erstreckt hat und die auch als Beispiel für eine Notfalltherapie gelten kann.

Eine 45jährige unverheiratete Angestellte erkrankte an Symptomen einer depressiven Erschöpfung. Sie fühlt sich zunehmend beruflich und persönlich überfordert, wird zunächst völlig appetit- und teilnahmslos und psychisch „wie gelähmt". Todesängste stellen sich ein und steigern sich nachts zu panikartigen Zuständen. Wegen starker stenokardischer Beschwerden, die in den linken Arm ausstrahlen und von Schwindelzuständen begleitet sind, wird die Patientin ins Krankenhaus eingewiesen. Dort wird ein „nervöser Erschöpfungszustand mit hypotonen Kreislaufregulationsstörungen" diagnostiziert und ein psychischer Hintergrund vermutet.

Zum Erstinterview wird sie von ihrem um fast 30 Jahre älteren Freund gebracht und meint, etwas verlegen, als ob sie sich dessen schämen müßte, „daß sie einen so totalen Zusammenbruch erlitten habe und am Ende ihrer Kräfte sei, daß ihr Leben vermutlich bald zu Ende gehen werde, obwohl die Krankenhausärzte an ihrem Herzen bisher noch keinen ernsten organischen Schaden feststellen konnten". Während des Gespräches ist sie offensichtlich bemüht, mit dem Arzt zusammenzuarbeiten, und macht im ganzen einen etwas zwanghaften Eindruck. Sie berichtet, daß sie als Tochter eines Großgrundbesitzers in den ehemals deutschen Ostgebieten aufgewachsen sei. Zur Mutter habe sie kein gutes Verhältnis gehabt, weil diese sie gegenüber dem älteren Bruder und der jüngeren Schwester „vernachlässigt" habe. Der Vater sei ein „fernes Ideal" gewesen, von dem sie aber „nicht genügend Sicherheit" bekommen habe. Die Ehe der Eltern sei nicht gut gewesene. Sie und ihre Geschwister seien „streng und gottesfürchtig" erzogen worden. Als sie 13 Jahre alt war, sei bei ihr eine Schieloperation durchgeführt worden, und 1 Jahr darauf sei der Vater im Krieg gefallen. Nach dem Krieg habe sie zunächst mit der Mutter und beiden Geschwistern in ärmlichsten Verhältnissen gelebt. Die ganzen Anstrengungen der Familie waren darauf ausgerichtet, dem Bruder, dem „Star in der Familie", ein Studium zu ermöglichen.

Sie habe sich dann in zäher Arbeit nach dem Abitur und nach einer kaufmännischen Lehre zur Abteilungsleiterin eines großen Unternehmens hochgearbeitet. Die Arbeit sei ihr ganzer Lebensinhalt gewesen. Seit sie vor eineinhalb Jahren durch Organisationsänderungen des Betriebes einen jüngeren Vollakademiker zum Vorgesetzten bekommen habe, fühle sie sich durch die Arbeit in zunehmendem Maße überfordert, habe aber in eiserner Disziplin ausgehalten.

Freunde und Freundinnen hatte sie in ihrer Jugend eigentlich kaum. Im Alter von 35 Jahren hatte sie ein erstes und nur flüchtiges sexuelles Erlebnis. Seit 8 Jahren hat sie nun mit ihrem ehemaligen, inzwischen pensionierten Chef eine intime Freundschaft. Obwohl seine Ehe „ganz zerrüttet" sei, belasten sie diese „ungeklärten Verhältnisse" ebenso wie ihre nach wie vor bestehenden sexuellen Hemmungen und das Alter ihres Freundes.

Über die mögliche Verursachung ihres „Zusammenbruchs" wurde gemeinsam herausgearbeitet:

1. Die völlige Dekompensation ist erst nach einem glücklicherweise glimpflich verlaufenen Autounfall, den sie gemeinsam mit ihrem Freund hatte, und nach einer vom behandelnden Arzt verabreichten Spritze aufgetreten.
2. Die „Überarbeitung" im Betrieb, verbunden mit dem neuen Vorgesetzten und der dadurch erfolgten Zurücksetzung.
3. Das „ungeklärte" Dreiecksverhältnis mit starken Schuld- und Aggressionsgefühlen gegenüber der Ehefrau des Freundes, Vorwürfen gegen den Freund, daß er nicht längst „klare Verhältnisse" geschaffen habe und eigenen Zweifeln, ob diese Bindung an einen so alten Mann für sie „das Richtige" sei.
4. Eine allgemeine Identitäts- und Lebenskrise in der Lebensmitte mit der Frage, ob nicht der Lebenssinn bisher weitgehend verfehlt wurde.

Nach dieser hier natürlich nur in Stichworten und stark verkürzt wiedergegebenen „Situationsanalyse" erhob sich die Frage: Um welchen Problemkreis läßt sich das Krankheitsgeschehen dieser Patientin am zwanglosesten fokussieren? Welcher Fokus ist am ehesten geeignet als gemeinsamer Nenner zu dienen und dabei gleichzeitig dazu beizutragen, den unbewußten (und damit vor allem pathogenen) Anteil der Situation zu erhellen?

Die zunächst nicht eindeutig ausgesprochene bzw. nur vorsichtig angedeutete Vermutung des Arztes, daß die Patientin jetzt wohl eine Neuauflage ihrer noch nie ganz durchgearbeiteten Ödipalproblematik erlebe, wird von ihr in der folgenden (dritten) Behandlungsstunde durch einen Traum „bestätigt", den sie überrascht und völlig unaufgefordert berichtet:

Sie habe mit ihrem Vater sexuelle Beziehungen. Beide werden deshalb von ihrer Mutter gehaßt, die in einer mittelalterlichen Festung einen Aufstand gegen sie vorbereite.

Ausgehend von diesem Traumbild wird die Ödipalproblematik zum Fokus bestimmt und der Patientin zu zeigen versucht, wie sehr sie unerledigte infantile Konflikt- und Verhaltensmuster noch in der Gegenwart agiert. Die aktuellen Probleme und Konflikte konnten nun in den folgenden Behandlungsstunden zwanglos in einen sinnvollen Zusammenhang mit den weitgehend unbewußten infantilen Problemen und damit mit dem Fokus gebracht werden. Es war aber sehr beeindruckend zu beobachten, wie sehr sich nach der Formulierung des Fokus durch den Arzt und der Annahme desselben durch die Patientin das Befinden derselben gebessert und gefestigt hat.

Durch diese knappen Auszüge einer Behandlungsgeschichte habe ich versucht, das Prinzip der Fokaltherapie darzustellen, die auch bei der Behandlung von psychosomatisch Kranken dann angezeigt ist, wenn die Patienten über eine genügende Ich-Stärke (=Reife) verfügen und der Fokus klar definiert werden kann.

Literatur

Argelander H (1970) Das Erstinterview in der Psychotherapie. Darmstadt

Eissler KR (1953) The effect of structure of ego on psychoanalytic technique. J Am Psychoanal Assoc 1: 104–143

Freud S – G. W., Bd I, S 75; G. W., Bd II/III, S 521; G. W., Bd V, S 5, 169, 275; G. W., Bd VIII, S 460; G. W., Bd XIII, S 17, 211, 215, 229; G. W., Bd XIV, S 44/45, 58, 84; G. W., Bd XV, S 86

Goldschmidt O (1973) Vorgeschichte und Entwicklung des Sprechstundeninterviews. Psyche 27: 1012

Habermas J (1968) Erkenntnis und Interesse. Frankfurt

Wesiack W (1980) Psychoanalyse und praktische Medizin. Klett-Cotta, Stuttgart

Wesiack W (1984a) Psychosomatische Medizin in der ärztlichen Praxis. Urban & Schwarzenberg, München

Wesiack W (1984b) Grundzüge der psychosomatischen Medizin. Springer, Berlin Heidelberg New York Tokyo

Entwicklungstendenzen in der psychosomatischen Medizin – Sexualmedizin und Psychosomatik

K. Loewit

Offensichtlich stellen sexuelle Funktionen und sexuelles Erleben ein eminent psychosomatisches Phänomen dar, wie sich aus den verschiedenen somatischen wie psychosozialen Einflüssen auf die sexuelle Reaktion bzw. sexuelles Erleben leicht erkennen läßt. Menschliche Sexualität ist aber nicht nur in ihrer ungestörten Funktion ein Paradebeispiel psychosomatischen Geschehens auf der individuellen, interindividuellen und gesellschaftlichen Ebene, sie ist auch eng mit der Genese und dem Ausmaß psychosomatischer Leiden verknüpft. Bekanntlich stellen gestörte zwischenmenschliche Beziehungen als Hintergrund von „Krankheit durch Kränkung" eine Hauptwurzel psychosomatischer Störungen dar. Gerade in den bedeutungsvollsten persönlichen Beziehungen zwischen Mann und Frau macht jedoch die sexuelle Kommunikation im weiten Sinn des Mann- und/oder Frau-Seins, wie auch im engeren Sinn der genitalsexuellen Kommunikation einen wesentlichen Teil der Beziehungswirklichkeit aus. Dabei können Störungen im sexuellen Bereich sowohl Ausdruck als auch Verstärker bzw. Anlaß von Beziehungsproblemen sein. Als indirekte sexuelle Funktionsstörungen können sie an der Genese zahlreicher psychosomatischer Leiden innerhalb und außerhalb des Urogenitalbereichs beteiligt bzw. für sie (mit)verantwortlich sein. Als direkte sexuelle Dysfunktionen im Sinne von Libido-, Potenz- und Orgasmusstörungen stellen sie selbst eine Form psychosomatischer Erkrankungen dar, deren objektives Ausmaß und subjektive Bedeutung von ärztlicher Seite oft beträchtlich unterschätzt werden, sodaß ein kanadischer Psychiater und Sexualtherapeut eindringlich darauf hinweist, „daß sexuelle Dysfunktion eine zum Tode führende Krankheit sein kann", womit er sich auf zahlreiche Selbstmordversuche seiner Patienten bezieht (Sommers 1984).

Sexualmedizin ist somit unzweifelhaft Teil einer nicht nur organische bzw. individualpsychische, sondern auch psychosoziale, d. h. gruppen- und gesellschaftsbezogene Aspekte berücksichtigenden psychosomatischen Medizin (Wesiack 1974) und fügt sich zwanglos in das für eine Theorie der Psychosomatik grundlegende Situationskreiskonzept von T. von Uexküll u. W. Wesiack (1979) ein. Der Umfang dieses alle menschlichen Bereiche betreffenden Themas, seine weit über das rein Medizinische hinausreichende Verknüpfung mit anderen Disziplinen erfordern jedoch eine schwerpunktmäßig eigenständige Behandlung der Sexualmedizin innerhalb der Psychosomatik. Während diese jedoch in den letzten Jahren – wenigstens theoretisch – zu einem respektablen und respektierten Teil der Medizin geworden ist, gilt das für die Sexualmedizin erst ansatzweise. Nicht nur grobe Unkenntnis und teilweise völlig unzutreffende Vorstellungen (z. B. bezüglich Sexualtherapie), sondern auch grundsätzliche Verdächtigungen und emotionale Barrieren aus der Tabuisierung des Sexuellen belasten das Thema. Nicht zuletzt deswegen soll im folgenden ein allgemeiner, wenn auch knapper Überblick unter Mitberücksichtigung der Situation an der Medizinischen Fakultät der Universität Innsbruck versucht werden.

Folgt man der Darstellung von Haeberle (1983): „Die Geburt der Sexualwissenschaft", so lassen sich innerhalb unserer westlichen Zivilisation Ansätze einer rational begründeten und systematischen Erforschung menschlicher Geschlechtlichkeit bis zu den alten Griechen zurückverfolgen und Hippokrates, Plato und Aristoteles als Vorväter der Sexualwissenschaft bezeichnen. Aus ihren systematischen Beobachtungen haben sie erste naturwissenschaftlich-philosophische Theorien bezüglich sexueller Funktionen und Dysfunktionen, Fortpflanzung, Kontrazeption und Abtreibung sowie gesetzgeberische Maßnahmen bzw. eine Sexualethik abgeleitet. Schon präziser läßt sich die Geburtsstunde der modernen Sexualwissenschaft angeben. Läßt man sie mit der ersten großen wissenschaftlich bearbeiteten Fallsammlung aus dem Bereich der Sexualpathologie beginnen, nämlich mit der 1886 veröffentlichten „Psychopathia sexualis" des österreichischen Gerichtspsychiaters Richard von Krafft-Ebing, so ist sie gerade 100 Jahre alt geworden. Setzt man die Geburtsstunde mit dem Erscheinen der ersten „Zeitschrift für Sexualwissenschaft" an, herausgegeben im Januar 1908 in Berlin von Magnus Hirschfeld, dann blicken Sexualwissenschaft bzw. Sexualmedizin im Sinne einer modernen interdisziplinären Wissenschaft auf eine 80jährige Geschichte zurück. Magnus Hirschfeld hinterließ ein umfangreiches wissenschaftliches Werk: Studien zur Homosexualität, zum Transvestismus (1910) – der Ausdruck wurde von ihm neu geprägt – eine 3bändige Sexualpathologie (1916–1920) und ein 5bändiges Standardwerk als Summe seiner 30jährigen sexologischen Tätigkeit die „Geschlechtskunde" (1926–1930). Weitere Namen aus der Gründerzeit um die Jahrhundertwende sind etwa die von Henry Havelok Ellis in England (Das konträre Geschlechtsgefühl (1886), von Sigmund Freud in Österreich (z. B. Drei Abhandlungen zur Sexualtheorie 1905), des Neurologen und Psychiaters August Forell in der Schweiz (Die sexuelle Frage 1905), des Berliner Dermatologen Iwan Bloch, von dem der später als „sexology" ins Englische übersetzte Ausdruck Sexualwissenschaft stammt, mit seinem Standardwerk „Das Sexualleben unserer Zeit" (1907), von Max Marcuse, einem Mitbegründer des 1905 in Berlin von Dr. Helene Stöcker, einer Feministin mit großem Einfluß auf die frühe Sexualwissenschaft gegründeten Mutterschutzbundes oder von Albert Moll (Die konträre Sexualempfindung 1891; Untersuchungen über die Libido sexualis 1897; Das Sexualleben des Kindes 1909), der auch der Herausgeber des ersten „Handbuch der Sexualwissenschaften" (1911) war, um nur einige der wichtigsten zu nennen. 1919 gründete Hirschfeld in Berlin das erste Institut für Sexualwissenschaft, welches sich mit Fragen der Sexual-Biologie, -Pathologie (Medizin), -Soziologie und -Ethnologie beschäftigte, eine Bibliothek mit über 20000 Bänden aufbaute und gleichzeitig die erste Eheberatungsstelle in Deutschland betrieb. Nach dem Ersten Weltkrieg organisierte Hirschfeld 1921 den ersten sexologischen Kongreß in der Geschichte, für dessen Organisationskommitee er Wissenschaftler aus Tokio, Peking, Moskau, Kopenhagen, London, Rom und San Francisco gewinnen konnte. Die Anliegen und Forderungen der damaligen Sexologen sind inzwischen z. T. erfüllt, z. T. obsolet geworden (z. B. Eugenik zur Rassenverbesserung), z. T. noch immer aktuell, etwa wenn es um die Gleichstellung von Mann und Frau geht, um verantwortliche Empfängnisregelung, den Schutz der ledigen Mütter, systematische Sexualerziehung, mehr Verständnis für „Variationen der sexuellen Konstitution" (Intersexualität, Homosexualität), Strafrechtsreform etc. Dies gilt auch für die teilweise heftig und polemisch geführte Auseinandersetzung mit dem Einfluß der Kirche im Bereich der genannten Problemkreise. Es ist bekannt, daß mit der Machtübernahme der Nationalsozialisten auch das Ende der mitteleuropäischen Sexualwissenschaft gekommen ist. Die nach dem Zweiten Weltkrieg hauptsächlich in den USA erfolgte Renaissance der Sexologie ist vor allem mit dem Namen von A. Kinsey, ihre mehr sexualmedizinische Ausrichtung mit jenen von Masters u. Johnson und zahlreicher Sexualtherapeuten verbunden. Seit 1974 werden wiederum große internationale Sexologiekongresse abgehalten. Der 1987 in Heidelberg veranstaltete 8. Weltkongreß für Sexologie war seit 1926 wieder der erste internationale sexologische Kongreß in Deutschland. Angesichts der weithin in Vergessenheit geratenen Wurzeln heutiger Sexologie und Sexualmedizin erscheint diese etwas ausführlichere Darstellung ihrer Geschichte berechtigt. Paradoxerweise sind gerade in Europa sexualwissenschaftliche Universitätseinrichtungen (z.B. Prag, Hamburg, Frankfurt und Leuven), und ebenso systematische Lehrveranstaltungen über menschliche Sexualität oder Sexualmedizin noch sehr selten, während in den USA kaum noch eine Medical School zu finden ist, die nicht ein "Program on human sexuality" in ihrem Curriculum integriert hat.

Dieser bisher mehr faktisch-historische Überblick soll noch durch zwei Originaltexte ergänzt werden, um den Wandel in der Einstellung zur Sexualität in den letzten 100 Jahren zu illustrieren, um den sich die Sexualwissenschaft mitverdient gemacht hat. Der eine spiegelt die vorwiegende Einstellung der englischen Ärzteschaft vor 100 Jahren zum Thema Kontrazeption wider.

Ein Doktor Routh schreibt in *Medical Press* 1878 unter der Überschrift: The moral and physical evils likely to follow if practices intended to act as checks to population be not strongly discouraged and condemned:

"As medical men we are often the guardians of female virtue, shall we now remain silent when attempts are made to indroduce into our happy homes habits of immorality which are so vile in their character, so dishonourable in their development, so degrading in their practice? Let us protest as medical men, as moral men, as christian men, against recommandation by whom so ever made, so filthy so base and so abominable" (Bodemer 1976). Noch 1880 wurde ein englischer Arzt aus dem Standesregister gestrichen, weil er ein Buch mit einem kurzen Kapitel "How to prevent conception, when advised by the doctor" veröffentlicht hatte.

Das zweite Beispiel stammt aus einem österreichischen Katechismus: J. Pichler, Erstbeicht und Erstkommunionunterricht für das dritte Schuljahr, Wien 1917 und betrifft das Kapitel über das sechste Gebot Gottes. Hier liest man: „Wie lautet das sechste Gebot Gottes? Da verbietet Gott alles, was unkeusch ist. Das sind so abscheuliche Sachen, daß ich davon gar nicht reden möchte. Aber ich muß Euch sagen, was Gott da verboten hat und wie Gott diese Sünden haßt; sonst könntet auch Ihr solche Sünden begehen und könntet in die Hölle kommen. Die meisten Menschen die in der Hölle sind, sind gerade wegen der Unkeuschheit dort" ... Einige Zeilen weiter: „Manches am Leibe muß immer bedeckt sein ...", man darf es nie sehen lassen, selbst nicht ansehen, nicht berühren und nicht berühren lassen, davon nicht reden und nicht daran denken. „Kinder! – wenn Ihr in ein finsteres Kellerloch hineinmüßtet das voll Kot und Schmutz ist und wo eine Menge Kröten und Schlangen und Spinnen umherkriechen, nicht wahr, da würdet Ihr Euch fürchterlich grausen? Aber noch viel mehr graust es dem lieben Gott, wenn er die Seele eines unkeuschen Kindes anschaut; in einer solchen Seele sieht es noch viel abscheulicher aus. Oh, wenn Ihr wüßtet, was Gott gegen die Unkeuschheit hat, und wie schrecklich er diese Sünden bestraft! Wegen dieser abscheulichen Sünde hat Gott die Sündflut kommen lassen. Alle Menschen hat er zugrunde gehen lassen, weil soviel Unkeuschheit unter ihnen war – aber das ärgste kommt für die unkeuschen Menschen erst nach dem Tode. Da müssen sie im fürchterlichsten Feuer liegen und brennen in Ewigkeit. Kinder, wenn Ihr nicht auch ins höllische Feuer kommen wollt, so nehmt Euch vor jeder Unkeuschheit in Acht. Denkt, daß Gott immer bei Euch ist und Euch sieht, auch wenn Ihr ganz alleine seid und wenn es finstere Nacht ist... Nicht wahr, jetzt, wo Ihr wißt, wie abscheulich diese Sünden sind, wie sie der liebe Gott haßt und wie streng er sie bestraft, jetzt wollt Ihr ganz gewiß eine solche Sünde nie mehr begehen und wollt immer reine, schamhafte, unschuldige Kinder sein, an denen der liebe Gott seine Freude hat."

Mit diesen Zitaten sollen nicht nachträglich billige Zensuren verteilt, sondern soll auf die Macht des Zeitgeistes, auf die Bedeutung der Atmosphäre, in der Sexualität sich entwickeln und gelebt werden mußte und auf die Tatsache hingewiesen werden, daß die heutige Eltern- und Großelterngeneration zum größten Teil noch in diesem Geist erzogen wurde! Es ist anzunehmen, daß die Einflüsse solcher Erziehung noch stärker vorhanden sind als man wahrhaben möchte. Nicht umsonst beschäftigt sich die Familientherapie jeweils mit drei Generationen.

An der Medizinischen Fakultät der Universität Innsbruck gibt es seit 1975 eine systematische Sexualmedizinvorlesung, bei der entsprechend dem heutigen Verständnis nicht mehr die sexuelle Psychopathologie, sondern Fragen der normalen Sexualität bzw. ihrer Störungen im Vordergrund stehen. Es geht um die Beschäftigung mit der nicht reproduktiven, also der bisher weitgehend als Privatbereich von der Medizin vernachlässigten kommunikativen Seite der Sexualität bzw. um Prophylaxe und Therapie ihrer Störungen, wofür seit 1980 eine sexualmedizinische Sprechstunde zur Verfügung steht. Die Fülle des Stoffes bedingt eine zweisemestrige Vorlesung, wobei im ersten Semester eine allgemeine und im zweiten eine spezielle Sexualmedizin gelesen wird. Als Grundlage sind zunächst elementare Kenntnisse aus der Psychosomatik, der medizinischen Psychologie sowie Tiefenpsychologie, der Kommunikationstheorie und der Lerngesetze, also der Verhaltensmedizin zu vermitteln, weil dieses Grundwissen sowohl für das Verständnis der normalen Sexualität als auch für das der eigentlichen Sexualtherapie unerläßlich ist. Anatomie und Physiologie dienen auch der Erläuterung der verschiedenen Terminologien im Bereich der Sexualität und ihrer Bedeutung. Fragen zum Sinnverständnis gehen über den Rahmen des rein Naturwissenschaftlichen hinaus und betreffen etwa das Verhältnis von Sexualität und Fortpflanzung, untermauert durch Befunde aus der vergleichenden Verhaltensforschung, allgemein aus der Evolution der Sexualität, beschäftigen sich also mit der Bedeutung ethologischer und ethnologischer Befunde für das Selbstverständnis der menschlichen bzw. der eigenen Geschlechtlichkeit. Vor diesem Hintergrund erfolgt die Unterscheidung eines kommunikativen und eines reproduktiven Aspektes der Sexualität. Im weiteren werden somatische Geschlechtsdifferenzierung und psychosexuelle Entwicklung skizziert, biologische und psychologische Besonderheiten der Geschlechter, Geschlechtsrollen, variable Bisexualität, sexuelle Bedürfnisdiskordanz diskutiert sowie die Physiologie und Psychologie der sexuellen Reaktion erläutert. Im zweiten Semester geht es um die indirekten und direkten sexuellen Funktionsstörungen und ihre Behandlung, um Hinweise auf deviantes Sexualverhalten, um die Frage der Homosexualität, um sexuelle Probleme von Adoleszenten, von kranken, behinderten und alten Menschen. Ebenso um den Themenkreis Familienplanung, Kontrazeption, Sterilisation, Interruptio und die Probleme, die sich daraus ergeben können. Den Abschluß bilden Ausführungen zur ärztlichen Ehe- und Sexualberatung (Loewit 1978, 1983).

Der Versuch, Sexualität konkret als psychosomatisches Phänomen zu verstehen, geht also von der Ganzheit des Menschen in der Hülle seiner „individuellen Wirklichkeit" (Wesiack 1980) aus, in der sich Physisches, Psychisches und Soziales nicht trennen lassen. Er berücksichtigt gemäß dem Situationskreiskonzept von Uexkülls (1979) die entscheidende Rolle der Bedeutungserteilung für das Verständnis der normalen wie auch der gestörten Funktion und sieht hier auch einen wichtigen therapeutischen Ansatzpunkt. Über diese individuelle Ebene hinaus stellt Sexualverhalten ein neues interindividuelles System in seinen Bezügen zur Umwelt dar, eine Interaktion zwischen zwei individuellen Wirklichkeiten mit eigenen Kommunikationsmustern, die wiederum von der Sinnfrage abhängen. Um diese Sinnfrage bzw. die aus der jeweiligen „Bedeutungserteilung" resultierende „sexuelle Weltanschauung" geht es bei der Betonung der kommunikativen Funktion der Sexualität: Sexualverhalten wird in einem sehr wörtlichen Sinn als Körpersprache verstanden und die in der sexuellen Begegnung erfahrene leibliche Wirklichkeit auf ihren Inhalt und Mitteilungscharakter befragt. Bei dieser Übersetzung geht es mit anderen Worten um den Versuch, die ursprünglich ganzheitliche Kommunikation der frühen Mutter-Kind-Beziehung, bei welcher die körperlich-sinnenhafte und die spätere geistig-begriffliche Ebene noch nicht getrennt sind, wiederherzustellen. Dabei muß zunächst auf die Vieldeutigkeit analoger Kommunikation hingewiesen werden, die jeweils der konkreten Deutung aus der Beziehung bedarf. Ebenso ist zu betonen, daß es sich bei dieser Übersetzung keineswegs um ein symbolisches Hineininterpretieren, sondern um das konkrete Herauslesen und Bewußtmachen der körpersprachlich übermittelten Inhalte handelt, daß aber jede solche Digitalisierung des Analogen einen Informationsverlust und eine Einschränkung der analogen Aussagekraft bedeutet (Watzlawick 1969). Durch diese Sichtweise soll die Abspaltung und Isolierung der Sexualität überwunden und eine neue Bedeutungserteilung ermöglicht werden. Die auf der physischen Ebene bei einer sexuellen Begegnung spür- und erlebbare Nähe, Wärme, Verbundenheit usw. soll bewußt als Erfüllung bzw. Verkörperung von Nähe, Wärme und Verbundenheit auch im übertragenen Sinn, als Inhalt der Beziehung oder als psychosoziales Grundbedürfnis nach Liebe und Zugehörigkeit, Sicherheit, Selbstverwirklichung etc. (Maslow zit. n. Zimbardo 1983) begriffen und erlebt werden. Auf diese Weise soll zugleich ein neues Verständnis von Sexualität als verleiblichter Beziehung und ein neuer Zugang zu den sexuellen Funktionsstörungen angebahnt werden. Wenn optimale Verwirklichung der in der Sexualität gelegenen Möglichkeiten Übereinstimmung zwischen Ausdruck und Inhalt der sexuellen Körpersprache voraussetzt, so können sexuelle Funktionsstörungen u.a. als Folge permanenter Frustration durch dauerndes Auseinanderklaffen von körperlichem Tun bzw. leiblich-sinnenhafter Erfahrung und partnerschaftlicher Wirklichkeit aufgefaßt werden. Als psychosomatische Antwort auf die Diskrepanz zwischen den Aussagen der sexuellen Körpersprache und der Beziehungswirklichkeit stellen sie sozusagen funktionale Dysfunktionen dar. So kann das Konzept der Kommunikationsfunktion der Sexualität als konkrete körpersprachliche Mitteilungsmöglichkeit eine neue Dimension sowohl für das grundsätzliche Verständnis von Sexualität in Beziehungen als auch einen neuen therapeutischen Ansatz innerhalb der Sexualtherapie eröffnen: eine revidierte „Bedeutungserteilung", z.B. genitale Sexualität als verkörperte Zuneigung, Offenheit, Annahme, Verbundenheit, als intensive Zärtlichkeit, als Mimik und Gestik der Beziehung tritt an die Stelle der bisherigen, als psychotoxische Noxe wirksamen, z.B. genitale Sexualität als von der Beziehung isolierte Triebbefriedigung auf Kosten des Partners, als Reduktion des Menschen auf seine Geschlechtsorgane oder zum Sexualobjekt. Wie an anderem Ort ausführlich dargestellt, entscheidet die subjektive Bedeutungserteilung über die Qualität eines Ereignisses im Sinne von Eustreß und Dysstreß, nicht das Faktische an sich (Loewit 1986 a, b).

Anschließend sei noch kurz auf Sexualtherapie und Sexualberatung eingegangen. Angesichts des vielschichtig psychosomatischen Charakters sexueller Störungen verwundert es nicht, daß dementsprechend verschiedene therapeutische Ansätze und Zugänge möglich bzw. zu einer neuen Therapieform verschmelzbar sind. Da die einzelnen psychotherapeutischen Richtungen in dieser Vorlesungsreihe bereits ausführlich dargestellt worden sind, werden sie als bekannt vorausgesetzt. Ohne Zweifel kommt der Theorie und Praxis der Psychoanalyse grundlegende Bedeutung im Bereich der Sexualtherapie zu, sei es als prinzipielles Denkschema oder als Behandlungsstrategie im Sinne der fokusierenden analytisch orientierten Kurztherapie. Die aus der humanistischen Psychologie stammende klientenzentrierte Therapie von Carl Rogers (1951) charakterisiert grundsätzlich den Zugang und die Einstellung gegenüber dem Patienten auch in der Sexualtherapie. Die Bevorzugung der Paar- vor der Einzeltherapie (vgl. Masters u. Johnson 1970; Lo Piccolo 1978) und die wenigstens gesprächsweise Miteinbeziehung der Familien beider Partner zeigt paardynamische (vgl. Willi 1975, 1978) und systemorientierte Denkweisen und Ansätze in der Sexualtherapie auf. Die Notwendigkeit von Kommunikationsverbesserung erfordert u.U. den Einsatz kommunikationstherapeutischer Verfahren (Mandel 1971). Nicht zuletzt liefert die Verhaltensmedizin wichtige Elemente der Sexualtherapie, die als sog. „verschriebene Erfahrungen" (Kaplan 1974) oder als „Sensate Focus" (Masters u. Johnson 1970) bekannt gewordenen Übungen. Gerade durch das Bewußtwerden der kommunikativen Bedeutung der Sexualität kann der Sensate Focus eine zusätzliche Dimension erhalten. Die Übungen können im positiven Fall als den eigentlichen Bedürfnissen und Wünschen entsprechend, im Negativen als unausweichliche Konfrontation mit der Beziehungswirklichkeit erlebt werden. Dabei bleibt Sexualtherapie aber immer Psychotherapie und ihr Ziel die Behandlung gestörter Beziehungen, nicht gestörter Funktionen. Sie ist trotz des methodisch umfassenden Vorgehens keine konzeptlose Vermischung von Elementen verschiedener Psychotherapieformen, sondern eine aus der Komplexität des Gegenstandes notwendige und durch Erfahrung bestätigte neue Form von Psychotherapie, die die genannten Elemente bewußt und sinnvoll integriert. In diesem Sinne bezeichnet Langer (Kaplan 1979) die neue Sexualtherapie als eine „dynamische Verhaltenstherapie" oder eine „aktiv verhaltensmodifizierende analytische Therapie", die mehr ist als Beratung und weit mehr als die Anwendung leicht zu erlernender Tricks.

Während Sexualtherapie im eigentlichen Sinne dem ausgebildeten Spezialtherapeuten vorbehalten bleiben sollte, ist das breite Feld der Sexualberatung möglichst jedem psychosomatisch denkenden Arzt zu erschließen (vgl. Buddeberg 1987). Hier geht es um prophylaktische, einschließlich erzieherischer und gesellschaftspolitischer und um therapeutische Aufgaben des Arztes, wobei das Vorgehen stärker kognitiv betont ist. Auch Sexualberatung wendet sich vorzugsweise an das Paar, die Grenze zur Sexualtherapie im engeren Sinn ist fließend. Aufklärung, Information, Korrektur von Mythen, Entlastung, Bestärkung und konkrete Anregungen spielen eine große Rolle. Das sog. *PLISSIT*-Modell von Annon (1974, 1975) illustriert die Vorgangsweise von Erlaubniserteilung (*P*ermission) über begrenzte Information (*L*imited *I*nformation) zu spezifischen Anregungen (*S*pecific *S*uggestions) und schließlich, wenn der Erfolg ausbleibt, zu intensiver Therapie (*I*ntensive *T*herapy). Mit fortschreitender „Sexualaufklärung" durch Massenmedien und zunehmender Gesprächsbereitschaft über sexuelle Schwierigkeiten nehmen allerdings die „einfachen Fälle" der 60er und frühen 70er Jahre mehr und mehr ab und intensive Therapie erfordernde Fälle zu. Nach unserer Meinung steht auch im beraterischen Gespräch die Frage nach der „sexuellen Weltanschauung", konkret nach dem Sinn und der Bedeutung der Sexualität in der Beziehung im Zentrum. Neben Paarberatung im üblichen Sinn ist auch Beratung bei sexuell deviantem Verhalten, Kindesmißbrauch, Störungen der Geschlechtsidentität, bei Homosexualität usw. zu nennen.

Die bewußte Miteinbeziehung der Sexualität im sexualwissenschaftlichen nicht nur sexualmedizinischen Sinn in eine breite psychosomatische Ausbildung ist angesichts der verbreiteten sexuellen Unzufriedenheit und Beziehungsproblematik und ihrer Bedeutung für die Lebensqualität der Betroffenen sowie ihrer Auswirkungen in Familie und Gesellschaft dringend zu fordern. Die große Zahl sexueller Funktionsstörungen ist ja nur die Spitze des Eisberges. Dazu müßten endlich auch an unseren Universitäten entsprechende Lehr- und Forschungseinrichtungen innerhalb der medizinischen Aus- und Weiterbildung geschaffen werden. Ebenso ist eine Vermehrung und Verbesserung therapeutischer Angebote, etwa sexualmedizinischer Sprechstunden oder Beratungsstellen zu fordern. Solchen Einrichtungen käme in psychohygienisch-prophylaktischer und therapeutischer Hinsicht wesentliche Bedeutung für eine psychosomatisch orientierte ärztliche Versorgung bzw. Gesundheitspolitik zu (schon vor und erst recht nach der Bedrohung durch AIDS). In dieser Hinsicht versteht sich Sexualmedizin, ähnlich wie Psychosomatik, nicht als neue Sub-Spezialität, sondern als Lehr- und Forschungsschwerpunkt, von dem aus die nötigen Haltungen, Einstellungen und das sexualmedizinische Fachwissen in alle medizinischen Disziplinen ausstrahlen und entsprechend integriert werden sollen. Darüber hinaus braucht es den sexualmedizinisch vertieft Ausgebildeten und Erfahrenen als Spezialisten in besonderen Problemsituationen oder für besondere Aufgaben.

Literatur

Annon JS (1974) The behavioral treatment of sexual problems, Vol I. University Press, Honolulu

Annon JS (1975) The behavioral treatment of sexual disorders, Vol II; Intensive therapy. University Press, Honolulu

Bodemer DW (1976) Concepts of reproduction and its regulation in the history of western civilisation. Contraception 13: 427–446

Buddeberg C (1987) Sexualberatung, 2. Aufl. Enke, Stuttgart

Haeberle EJ (1983) The birth of sexology. A brief history in documents. Selbstverlag, Washington, DC

Kaplan HS (1974) The new sex therapie. Brunner & Mazel, New York
Kaplan HS, Langer D (1979) Sexualtherapie, ein neuer Weg für die Praxis. Enke, Stuttgart
Loewit K (1978) Der kommunikative Aspekt der Sexualität. Erfahrungen aus einer sexualmedizinischen Einführungsvorlesung. Sexualmedizin 7: 915–925, 971–975
Loewit K (1983) Ausbildung des Medizinstudenten. Sexualmedizinische Fragen in der Praxis, Sexualmedizin 12: 412–416
Loewit K (1986a) Zur Psychosomatik der sexuellen Störungen. In: Uexküll T von (Hrsg) Lehrbuch der Psychosomatischen Medizin, 3. Aufl. Urban & Schwarzenberg, München
Loewit K (1986b) Sexualität im Spiegel von Gesundheit und Krankheit. Sexualmedizin 15: 156–161
Lo Piccolo J (1978) Direct treatment of sexual dysfunction in the couple. In: Money J, Musaph H (eds.) Handbook of sexology. Elsevier, New York, pp 1227–1244
Mandel A, Mandel K-H, Stadter E, Zimmer D (1971) Einübung in Partnerschaft durch Kommunikationstherapie und Verhaltenstherapie. Pfeiffer, München
Masters WH, Johnson VE (1970) Human sexual inadequacy. Little, Brown, Boston
Pichler J (1917) Erstbeicht und Erstkommunionunterricht für das dritte Schuljahr. Wien
Rogers CR (1951) Client-centered therapy. Houghton Mifflin, Boston
Sommers FG (1984) Curing nuclear madness. Methuen, Toronto
Uexküll T von (1979) Lehrbuch der Psychosomatischen Medizin. Urban & Schwarzenberg, München
Uexküll T von, Wesiack W (1979) Psychosomatische Medizin und das Problem einer Theorie der Heilkunde. In: Uexküll T von (Hrsg) Lehrbuch der Psychosomatischen Medizin. Urban & Schwarzenberg, München
Watzlawick P, Beavin JH, Jackson DD (1969) Menschliche Kommunikation. Huber, Bern
Wesiack W (1974) Grundzüge der psychosomatischen Medizin. Beck, München
Wesiack W (1980) Psychoanalyse und praktische Medizin. Klett-Cotta, Stuttgart
Willi J (1975) Die Zweierbeziehung. Rowohlt, Reinbek
Willi J (1978) Therapie der Zweierbeziehung. Rowohlt, Reinbeck
Zimbardo PG (1983) Psychologie, 4. Aufl. Springer, Berlin Heidelberg New York Tokyo

Bedeutung der familiendynamischen Sichtweise bei psychosomatischen Erkrankungen von Kindern und Jugendlichen

B. MANGOLD

Einführung

Für einen Arzt, der aus seiner praktischen Erfahrung im Umgang mit psychosomatisch Kranken in der Lage ist auf mehreren Prozeßebenen zu denken und zu handeln besteht kein Zweifel, daß in der Diagnostik und Therapie psychosomatischer Erkrankungen der systemische und familientherapeutische Ansatz den derzeit optimalsten Zugang zu einem umfassenderen Verständnis sowie zu einer effektiven Therapie darstellt.

Die Pädiatrie ist es vielleicht mehr als jedes andere Fachgebiet in der Medizin gewohnt, nicht nur das befallene Organ, sondern das kranke Kind und seine Umgebung zu betrachten. Denn gerade beim Kind drängt sich diese psychosomatische Einheit auf, und in diesem Sinne waren die hervorragenden Pädiater – ohne es besonders hervorzuheben – Psychosomatiker, lange bevor es diese Bezeichnung überhaupt gab.

Die Kinderpsychosomatik als wissenschaftliche Disziplin ist jung, sie gibt es seit ca. 2 Dekaden, und wir suchen unseren Weg in der Überwindung des Dualismus Psyche – Soma, zurück zur ursprünglichen Betrachtungsweise – allerdings auf einer höheren, komplexeren, dem heutigen Wissensstand entsprechenden Ebene zu finden. Die Voraussetzungen sind durch die Entwicklung des systemischen Denkens und deren Einbeziehung in die Medizin gegeben – vorausgesetzt wir sind bereit ein *umfassendes Krankheitskonzept* zu akzeptieren.

Wenn wir die Entwicklung der psychosomatischen Medizin in den letzten Dezennien überblicken, so sehen wir eine Entwicklungslinie, die sich vom somatischen über psychophysiologische, psychodynamische Ansätze immer mehr zum systemischen Denken – zu einem ganzheitlichen Krankheitsmodell – hin entwickelt. Analog hat sich auch die Entwicklung an unserer psychosomatischen Abteilung von der Psychodiagnostik über die individuumorientierte Psychotherapie hin zur familienorientierten Diagnostik und Therapie entwickelt.

Durch diese Entwicklung und die persönlichen Erfahrungen in der psychosomatischen Medizin wurde uns auch deutlich, wie untrennbar Diagnostik und Therapie sind und daß das übliche Delegationsprinzip, wie es in der naturwissenschaftlichen Medizin durch die immer weiter fortschreitende Spezialisierung erzwungen wird, in einer ganzheitlichen psychosomatischen Medizin zum Problem werden kann. Ohne Änderungen der in der Medizin üblichen Organisationsstrukturen sind deshalb der Entwicklung eines integrativen ganzheitlichen Denkens und Handelns von vornherein Grenzen gesetzt. Die Gründung einer psychotherapeutischen Abteilung, die nach den Prinzipien einer *therapeutischen Gemeinschaft* strukturiert war, hat die Entwicklung systemischen Denkens in der stationären Therapie, wie auch der Entwicklung einer echten Zusammenarbeit oder besser gesagt einer therapeutischen Koevolution den notwendigen organisatorischen Rahmen für die Entwicklung einer wachstumsorientierten systemischen psychosomatischen Medizin ermöglicht.

Psychosomatisches Krankheitskonzept

Im Rückblick auf eine jetzt 15jährige Beschäftigung mit psychosomatischen Erkrankungen auf dem Erfahrungshintergrund meiner klinischen Erfahrungen als medizinisch ausgebildeter Kinderarzt und systemisch arbeitender Familientherapeut haben sich für mich folgende Leitlinien herauskristallisiert:

- Krankheit ist ein multidimensionales Phänomen von miteinander in Wechselwirkung stehenden biologischen, psychischen und sozialen Aspekten.
- Krankheit und Symptome können als Signale einer gestörten oder blockierten Entwicklung eines Individuums, einer Familie oder einer sozialen Gruppe aufgefaßt werden.
- Jedem System wohnen eigene Entwicklungskräfte und Selbstheilungskräfte inne, jedes lebende System ist ein in sich selbst organisierendes System, hat eine gewisse Autonomie und die Fähigkeit zur Selbsterneuerung.

Krankheit ist ein multidimensionales Phänomen von miteinander in Wechselwirkung stehenden biologischen, psychischen und sozialen Aspekten

Ein Modell ist eine Methode die Welt logisch und auf diese Weise verstehbar und handhabbar zu machen. Modelle helfen uns die angstauslösende Störung durch menschliches Leiden und Krankheit in einen Rahmen zu stellen, in dem es erklärt und behandelt werden kann.

Krankheit kann auf verschiedenen Prozeßebenen gesehen werden, wobei jede Ebene andere Zusammenhänge erkennen läßt und damit auch andere Untersuchungs-, Interpretations- und davon ableitbare Therapiemethoden entwickelt hat. Die einzelnen Ebenen stehen nicht im Widerspruch zueinander, sondern zeigen lediglich verschiedene Facetten eines komplexen Zusammenspieles auf, das bei Störungen auf verschiedenen Ebenen Symptome erzeugen kann.

Aufgabe eines Krankheitsmodells einer psychosomatischen Medizin sollte es in erster Linie sein, diese verschiedenen Aspekte von Krankheit auf einer integrativen Ebene einer ganzheitlichen Betrachtung zugänglich zu machen. Die Systemtheorie ermöglicht diese Integration. Das Modell der integrativen Medizin ist für die Psychosomatik unabdingbar. Im Rahmen dieses Modells steht die Kooperation im Vordergrund, und zwar sowohl die Kooperation unterschiedlicher theoretischer Modelle, wie auch die Kooperation zwischen Arzt/Therapeuten und Patienten bzw. Familie.

Dies bedeutet, daß folgende Prozeßebenen gleichzeitig und gleichwertig Beachtung finden sollten:

- somatische Ebene,
- psychologische Ebene,
- familiendynamische Ebene,
- psychosoziale Ebene.

Medizinische, psychologische und psychophysiologische Prozeßebenen sind individuumbezogen, sie sind von ihrer Logik her den linear-kausalen Denkmodellen der naturwissenschaftlichen Medizin zuzuordnen und deswegen von den Medizinern auch leichter in ihr Denk- und Handlungsmodell zu integrieren.

Wesentliche Änderungen im Krankheitsmodell ergeben sich, wenn man vom individuumorientierten, symptom- und krankheitsorientierten Denken zum systemischen, beziehungsorientierten Denkmodell überwechselt.

Im Übergang vom linear-kausal patientenorientierten Denken zum systemischen zirkulären Denken liegt m. E. die größte Schwierigkeit, die eine integrative Zusammenarbeit oft schwer macht.

Systemisches Denken löst anfänglich sehr viel Konfusion aus, die Zunahme der Komplexität durch Erkennen der Rückbezüglichkeit zwischen den einzelnen Prozeßebenen ist zuerst verwirrend und ungewohnt. Wächst das Wissen über mögliche Ursachen und Zusammenhänge, wird auch die Art, welche Therapie gewählt wird anders, weil die Zahl der verfügbaren Optionen, die Klient und Therapeut verfügbar sind, entsprechend ansteigt.

Gleichzeitig kann zu viel Wissen, besonders wenn es unspezifisch bleibt, wesentliche und nützliche Elemente verbergen und so zu Verwirrung und Durcheinander führen.

Das Individuum und seine Störungen lassen sich nicht mehr unabhängig vom Lebens- und Beziehungskontext indem es steht richtig beurteilen.

In diesem Krankheitskonzept ist die Krankheit letzten Endes das Resultat einer Beziehungsstörung, d. h. nicht der einzelne ist krank, sondern die Beziehungen untereinander sind krank.

Der Kranke wird zum Symptomträger eines ganzen Systems.

Der Sinn der Symptomatik kann dementsprechend nur im Kontext der Familie richtig erkannt werden.

Die zentrale Frage richtet sich dann nicht mehr nach der Störung auf der somatischen Organebene, auch nicht mehr allein nach der Frage von Zusammenhängen zwischen psychischen Belastungen und der Symptombildung, sondern letzten Endes danach, welchen Sinn die Symptomatik im Kontext der Beziehungen und der notwendigen Veränderungen im familiären Lebenszyklus hat.

Das heißt, daß psychosomatische Erkrankungen auf der somatischen oder psychologischen Ebene allein in den meisten Fällen nicht verstehbar und dadurch auch nicht kausal therapierbar sind.

Medizinische Modelle sind mechanische Modelle, angemessen für die Arbeit, die physikalische Eigenschaften präsentieren. Sie haben ihre Grenzen, da sie sich auf Grund ihres Paradigmas selbst auf die inneren Strukturen des Individuums beschränken.

Der systemisch denkende Therapeut sieht die Krankheit, das Symptom nicht als persönliche, isolierte und krankhafte Eigenschaft eines Menschen, sondern als passendes, sinnvolles Verhalten im Kontext des Beziehungssystems, dem der Betroffene angehört.

Psychosomatische Medizin ist somit auf eine interdisziplinäre Zusammenarbeit angewiesen, die ein Bewußtsein entstehen läßt, das imstande ist, verschiedene, scheinbar unterschiedliche oder auch widersprüchliche Ergebnisse auf einer komplexeren Stufe zusammenzufügen, um die Bedeutung jeder isolierten Aussage in einen ganzheitlichen Rahmen zu stellen. Solange man nur die Ebene sieht, auf der sich das Symptom äußert, kann man den übergeordneten Zusammenhang nicht erkennen.

Die Frage, welche Prozeßebene die geeignete ist, um die Symptomatik zu verstehen und das Problem zu lösen, wird nicht mehr von einer bestimmten wissenschaftlichen Richtung, sondern einer umfassenderen Sicht von Krankheit, von ökologischen Faktoren und der Flexibilität des Therapeuten abhängig sein.

Untersuchungen zeigen deutlich, daß, je erfahrener der Kliniker ist, je mehr Beurteilungskriterien er explizit oder intuitiv erfassen kann, um so gültiger ist die klinische Diagnose, um so besser planbar und flexibler der therapeutische Prozeß.

Die Wahl der Prozeßebene ist eine pragmatische Entscheidung. Es ist die Prozeßebene zu wählen, die die besseren Therapiemöglichkeiten bietet.

Je höher die Interventionsebene gewählt wird, um so größer ist die Chance nicht an einem Scheinproblem – an einem Symptom – hängen zu bleiben, um so größer muß aber auch die Erfahrung sein, um aus der Fülle von Informationen die ökonomische, diagnostische und therapeutische Handlungsweise abzuleiten.

Unsere Erfahrung zeigt uns jedoch, daß im Hinblick auf funktionelle und psychosomatische Erkrankungen die Analyse der Beziehungs- und Familiendynamik den optimalsten Zugang darstellt.

Unsere ärztliche Fähigkeit wird sich somit darin zeigen, wie wir den relativen Beitrag biologischer, psychologischer, familiendynamischer und sozialer Faktoren bei der Erkrankung eines Patienten richtig einschätzen lernen.

Wenn wir den Beziehungsaspekt und die systemische Sichtweise hier in den Vordergrund gestellt haben, dürfen wir andererseits nicht vergessen, daß letztlich immer noch ein einzelner Patient krank wird, und zwar auch auf Grund seiner persönlichen Disposition und seiner spezifischen Fähigkeit zu Konfliktverarbeitung.

Krankheit und Symptome können als Signale einer gestörten oder blockierten Entwicklung eines Individuums, einer Familie oder einer sozialen Gruppe aufgefaßt werden

Hiermit wird ein anderer, ein erweiterter „psychosozialer Krankheitsbegriff" eingeführt, der für den auf ein „Pathologiekonzept" orientierten Mediziner Unverständnis, wenn nicht direkte Ablehnung hervorruft.

Dieses Dilemma der individuum- und symptomorientierten, organmedizinischen Diagnose, kontra systemischer Diagnose im sozialen Bezugssystem zeigt sich verständlicherweise gerade in der psychosomatischen Medizin, da ja die Auswirkungen auf den Organismus auf der biologischen Ebene erkennbar sind und eine „handfeste Diagnose" im somatischen Bereich gegenüber einer hypothetischen „weichen Sozialdiagnose" meist nicht ernstgenommen wird.

Oft ist es erst auch der durch medizinische Therapie nicht beeinflußbare Krankheitsverlauf, der den Patienten, seine Familie und auch den Arzt *zwingt* seinen Krankheitsbegriff weiter zu fassen.

In diesem Zusammenhang möchte ich erwähnen, daß die Krankheitsdauer der von uns betreuten Kinder und Jugendlichen im Durchschnitt 4–5 Jahre dauerte, bis sie einer Psychotherapie bzw. Familientherapie zugeführt wurden. Diese oft langwierigen Verläufe, die oft aufwendigen Abklärungen bei verschiedenen Spezialisten wie auch die kiloschweren Krankengeschichten haben zum Begriff des *„Koryphäenkiller-syndroms"* geführt.

Wenn wir uns auf die Grundlage einer integrativen, psychosomatischen Medizin besinnen, wie ich sie im ersten Punkt dargestellt habe, können wir auf den unfruchtbaren Dialog auf der „Entweder-oder-Ebene" – organisch oder psychosozial – verzichten. Wir müssen uns bewußt sein, daß die komplizierte Interaktion von familiären und sozialen Faktoren mit der Pathogenese und dem Verlauf von Krankheit noch weitgehend im Unklaren ist. Wir können im Erkennen der Wechselbeziehungen der einzelnen Prozeßebenen viel mehr relevante Informationen und Handlungsmöglichkeiten ableiten, als wenn wir jeweils nur ein Bezugssystem verwenden.

Da auf den einzelnen Prozeßebenen unterschiedliche Diagnosen und Bezugssysteme Anwendung finden, müssen wir bei der Beschreibung psychosomatischer Erkrankung lernen, diese unterschiedlichen Beschreibungen miteinander in bezug zu setzen, um keine Verwirrung zwischen linear kausal orientierten medizinischen Diagnosen und systemischen „Beziehungsdiagnosen" zu stiften.

Über mögliche Nachteile eines in der Medizin üblichen „pathologischen Begriffssystems" wurde viel geschrieben, man muß jedoch auch kritisch anmerken, daß auch Diagnosen im Beziehungssystem die Gefahr in sich bergen, an Stelle des Individuums Bezugssysteme, wie z.B. die Familie, zu pathologisieren. Wenn wir anstelle einer individuumzentrierten Pathologie jetzt auf eine Familienpathologie überwechseln, findet nur eine Verschiebung statt, die nicht unbedingt einen Vorteil bringt und auch ganz und gar nicht dem systemischen Denken entspricht. Die Gefahr einer Pathologisierung durch Verwendung von Diagnosen ist somit auf jeder Prozeßebene möglich.

Eine entscheidende „Endpathologisierung" ergab sich in der Entwicklung der Familientherapie durch das sog. „Reframing" – das Suchen nach einem neuen Bezugsrahmen – indem das Symptom eine Bedeutung, einen Sinn in einer komplexeren Sichtweise ermöglicht. Ein für den Patienten „pathologisches Symptom" kann auf der Ebene der Familiendynamik ein sinnvolles Geschehen darstellen.

Körperliche Erkrankung ist in diesem komplexen Kontext kein sinnloses, absurdes Geschehen, das mit chemischen oder operativen Eingriffen möglichst schnell zum Verschwinden zu bringen ist, sondern eine kreative Leistung im Dienste der Selbstheilungskräfte des Menschen, ein möglicher Initiator neuer und besserer Problemlösungsmöglichkeiten, ein schmerzhaftes, aber vielleicht notwendiges Stimulans zu einer Neuorientierung oder weiteren Entwicklung eigener, partnerschaftlicher oder familiärer Ressourcen.

Daß Krankheit und Symptome Signale für eine gestörte oder blockierte Entwicklung darstellen, läßt sich auch daran erkennen, daß psychosomatische Erkrankungen bevorzugt in *Entwicklungsphasen* auftreten, in denen für ein Individuum, für eine Partnerschaft oder die Familie ein neuer Entwicklungsschritt, eine neue Einstellung des ganzen Systems notwendig wird. Eine solche Entwicklungsphase stellt u.a. die

Pubertät dar. Die Pubertät ist ein typisches Manifestationsalter verschiedener psychosomatischer Erkrankungen.

So liegt der Häufigkeitsgipfel

- bei der Anorexia nervosa bei 14 bzw. 18 Jahren,
- bei der Adipositas bei 11 Jahren,
- bei psychogenen Anfällen bei 11 Jahren,
- bei funktionellen Störungen im muskulo-skelettären System bei 12 Jahren,
- bei psychovegetativen Anfällen bei 12 Jahren,
- bei psychogenen Sehstörungen bei 14 Jahren.

Systemisches Denken orientiert sich hiermit weniger an einem krankhaften Zustand, sondern am Prozeß, am Verlauf und eröffnet sich damit einen Zugang zu Informationsmaterial, das oft zu einem ganz neuen Verständnis für Krankheitsprozesse führt.

In der Familientherapie hat diese neue Form der Informationsgewinnung und Verarbeitung als „zirkuläres Fragen" (Palazzoli et al. 1981) große Bedeutung gewonnen. Über diese Gesprächstechnik wird es möglich, Zusammenhänge zwischen der Erkrankung und der Lebenssituation des Patienten zu erforschen und damit die Bedeutung des Symptoms, sein Signal oder Ausdruckscharakter zu erkennen.

Das Hinterfragen des Sinnes einer Krankheit führt oft erst auf die Ebene, auf der das wirkliche Problem liegt. Nur so wird es verständlich, daß ein Symptom eines Kindes nicht in Beziehung zu seiner eigenen Entwicklung, oft auch nicht in seiner Beziehung zur Familie steht, sondern u. U. darauf hinweist, daß die ungelöste Problematik auf der Partnerebene der Eltern oder auf einem nichtgelösten Beziehungskonflikt eines Elternteiles zu den Großeltern liegt. Ich möchte dies an einer kurzen Fallkonstruktion deutlich machen:

Bei einem Kind treten nach dem Tod des Großvaters funktionelle psychosomatische Beschwerden auf.

Die Großmutter entwickelt durch den Verlust ihres Mannes eine Depression und erwartet von ihrem Sohn (Vater des Kindes) daß er für sie da ist – der Vater reagiert mit Zuwendung für seine Mutter – dies löst bei seiner Frau Einsamkeit und das Gefühl des Verlassenseins aus – sie kompensiert ihre Vereinsamung, indem sie ihr Kind stärker an sich bindet – durch die Erkrankung wird diese Möglichkeit gegeben – das Kind kommt dem Bedürfnis der Mutter entgegen, verzichtet aus Loyalität seiner Mutter gegenüber auf den Kontakt mit Freunden und außerfamiliären Beziehungen, verzichtet damit auf altersadäquate Loslösungsbestrebungen. Die immer stärker werdende Symptomatik bestätigt die Notwendigkeit der engen Bindung an die Mutter und hemmt die Autonomieentwicklung des Kindes. Die Problematik der Partnerschaft, ausgelöst durch die enge Bindung des Vaters an seine Mutter wird durch die Krankheit des Kindes überdeckt.

Nur eine adäquate Hilfe für die Großmutter (Trauerarbeit), ein direktes Erkennen der Partnerprobleme – ausgelöst durch die gespaltene Loyalität des Vaters zwischen seiner Frau und seiner Mutter – schafft die Voraussetzung, daß die notwendige enge Bindung zwischen Mutter und Sohn nicht mehr notwendig ist und dieser seine Symptomatik verlieren kann.

Die Erfahrungen aus der strukturellen Familientherapie (Minuchin et al. 1981) zeigen uns, daß in den meisten Familien mit einem psychosomatisch kranken Mitglied drei Generationen „mitspielen“. Somit ist die sog. „*Mehrgenerationentherapie*“ bei fast allen Familien ein effizienter Zugang zur Problemlösung.

Wenn wir uns in einer ausführlichen Anamnese nicht nur am Symptom, sondern auch an der Auswirkung des Symptoms auf das familiäre Beziehungsnetz orientieren, bekommen wir gewöhnlich so viele Informationen, daß es in den meisten Fällen nicht mehr schwer ist, von der Symptomebene auf die Beziehungsebene zu kommen und damit auch die Bedeutung oder „Sinnhaftigkeit“ einer Erkrankung erfassen zu können. Der systemisch denkende Therapeut orientiert sich in seiner Arbeit mit psychosomatischen Erkrankungen zweckmäßig an den Veränderungen, die zur Krankheit geführt haben, die durch die Krankheit ausgelöst und durch die Krankheit aufrecht erhalten werden. Im weiteren orientiert er sich v.a. auch daran, was durch seine systemische Intervention ausgelöst wird, d.h. er orientiert sich an der Veränderung der Symptome und der familiären Beziehungen, die durch die Therapie ausgelöst werden.

Gerade das Erkennen der Veränderungen gibt uns wichtige Informationen über die Bedeutung einzelner krankheitsauslösender Faktoren. Unsere Hypothesen können am Verlauf verifiziert oder falsifiziert werden.

Man kann diese Vorgangsweise eine *Orientierung am Prozeß* oder an der *Realität* bezeichnen.

Dies gibt uns die Freiheit, nicht an vorgefaßten Meinungen hängen zu bleiben, die kreativen und selbstheilenden Aspekte der Krankheit zu erkennen und somit Entwicklsungspotenzen und Erfahrungen sowohl des Patienten wie auch des Therapeuten zu erspüren und für die Gesundung und Entwicklung einzusetzen.

Gleichzeitig zwingt uns diese Haltung zu einer ständigen Reflexion dessen was wir tun und dessen, was wir beim Patienten dadurch in Bewegung setzen. Daraus entsteht für den Patienten, seine Familie, aber auch für den Therapeuten ein kreativer Lernprozeß, der über das Erkennen eines Problems zu effektiven Problemlösungsstrategien führt.

Diese neue Sichtweise, der größere Rahmen in dem man Krankheit als Signal einer gestörten Entwicklung v.a. auf der Beziehungsebene betrachtet, ist ganz besonders für die *psychosomatische Medizin* von großer Bedeutung, da die Prozeßebene der Symptombildung sich auf der biologischen Ebene manifestiert und damit der Versuch die Störung auch auf dieser Ebene zu erkennen und zu beheben im Vordergrund steht.

Im Vergleich dazu ist es um vieles leichter eine Symptombildung auf der psychischen Ebene auf die Beziehungsebene zu projizieren.

Hier drängt sich der Vergleich auf, daß die Behandlung z.B. einer Stoffwechselerkrankung ungleich eleganter und zielführender ist, wenn man den Gendefekt beheben kann, als wenn man eine symptomatische Therapie durchführen muß. So ist die Behandlung einer psychosomatischen Erkrankung ungleich eleganter, wenn man die ursprüngliche Ursache der Fehlentwicklung beheben kann, anstatt das Symptom zu pflegen.

Ich denke es gibt auf allen Ebenen genügend Aufforderung zur Weiterentwicklung, die ständige Reflexion und Integration der Forschungsergebnisse auf allen Prozeßebenen sollte jedoch ein wichtiges Anliegen der psychosomatischen Medizin bleiben.

Daß diese umfassendere Sichtweise noch vielfach negiert wird, zeigt sich uns an der täglichen Praxis, wobei gerade schwierige Probleme und chronifizierte Symptombildungen in eine „Sackgasse“ einmünden. Sei es, daß der Patient immer mehr in die Abklärungsmaschinerie einer technokratischen Medizin hineinmündet, wobei man zu guter Letzt dann doch eine kleine Normabweichung finden kann, an der man das Problem „aufhängen kann“.

Auch die anamnestischen Hinweise auf Serien von verschiedenen Diagnosen und verschiedenen fehlgeschlagenen Therapien hindern viele Ärzte nicht daran, immer noch mehr von demselben zu versuchen, oder auch das gleiche zu wiederholen, in der Hoffnung mehr Glück zu haben.

Der systemisch denkende Arzt wird gerade aus den bisherigen Diagnostik- und Therapieversuchen wichtige Informationen gewinnen, nämlich indem er daraus lernen kann „was nicht wirkungsvoll war“.

Hier zeigt sich eine Parallele zwischen Familien, die ihre Probleme nicht lösen können, weil sie in ihrem eigenen Kontext gefangen sind, wie Ärzte das Problem nicht lösen können, weil sie gefangen in ihrem eigenen Kontext nicht hellsichtig und hellhörig genug sind, Lösungsmöglichkeiten auf anderen Ebenen zu suchen.

Andererseits muß man aber auch erwähnen, daß Sackgassen genauso in der anderen Richtung vorliegen, wobei man einen Patienten und seine Familie in noch größere Belastungen und Hilflosigkeit hineinführt, wenn einseitige Sichtweisen im psychosozialen Bereich als „Aufhänger“ zur Bestätigung eigener Hypothesen und Theorien mißbraucht werden.

Jedem System wohnen eigene Entwicklungskräfte und Selbstheilungskräfte inne. Jedes lebende System ist ein in sich selbst organisierendes System, hat eine gewisse Autonomie und die Fähigkeit zur Selbsterneuerung

Die Erfahrung, daß jedes System Autonomie und Fähigkeit zur Selbsterneuerung hat, gewinnt gerade in der Familientherapie eine immer größere Bedeutung.

Familien deren Mitglieder erkranken, weisen darauf hin, daß Entwicklungsprozesse nicht mehr selbständig ablaufen, daß diese Systeme eine mangelnde Autonomie aufweisen. Es ist somit Krankheit für uns explizit oder implizit eine Aufforderung dem Individuum, der Familie zu helfen ihre Autonomie wiederzugewinnen. Primäres Anliegen an den Therapeuten ist es zu helfen „eingeschränkte Autonomie“ wiederherzustellen. Wichtigstes Ziel der Therapie ist es also, die Ratsuchenden durch mehr oder weniger indirekte Methoden in die Lage zu versetzen, ihre eigenen Probleme zu lösen (Deissler et al. 1986).

Familien mit psychosomatisch kranken Mitgliedern sind in der Regel Systeme, deren *koevolutiver Prozeß* gestört ist, sie können ihre Probleme zum Zeitpunkt des Auftretens der Erkrankung nicht mehr selbständig lösen.

Ihre Fähigkeit, ein Fließgleichgewicht herzustellen zwischen individueller Autonomie (Individuation) und harmonischer Anpassung an das übergeordnete System von Familie und Gesellschaft (Integration), ist verloren gegangen, ihre autosystemische Transformation, ihr innerer Wachstumsprozeß ist gestört.

Die Aufmerksamkeit des Arztes sollte sich somit darauf konzentrieren zu erkennen
- wo die wachstumsblockierenden Mechanismen liegen und welche Bedeutung (z. B. Schutzfunktion) sie für den einzelnen und seine Familie haben;

- welche Fähigkeiten, Selbstheilungspotentiale beim einzelnen und in seiner Familie bereits vorhanden sind, die in der jetzigen Krise jedoch nicht gestützt werden können;
- welche Veränderung allen Familienmitgliedern mehr Autonomie, Kompetenz und damit Gesundheit bringt – *Grundsatz der Allparteilichkeit und Neutralität.*

Aus dieser Perspektive ergeben sich für den Arzt und Therapeuten andere Handlungsnormen als sie gewöhnlich im medizinischen Bereich Anwendung finden, in welcher der Arzt durch Ratschläge oder Medikamente seine „Helferfunktion" ausübt.

In dieser Neuorientierung gibt er „Hilfe zur Selbsthilfe", indem er Selbstheilungskräfte des Patienten und seiner Familie aktiviert und den Familienmitgliedern wieder einen Zugang zu ihren eigenen Ressourcen ermöglicht.

Um diesen Anforderungen – welche in den o.g. Punkten angedeutet werden – gerecht zu werden, braucht der Arzt oder Therapeut Informationen von der *gesamten Familie.* Somit ist das erste Gespräch mit der ganzen Familie ein entscheidender Schritt in der Diagnostik und Therapieplanung bei psychosomatischen Erkrankungen.

Bedeutung des Familienerstgespräches

Aus unserer langjährigen Erfahrung mit unterschiedlichsten Konzepten, scheint uns die Familientherapie bei psychosomatischen Erkrankungen die Methode der Wahl zu sein.

Anstelle aufwendiger Untersuchungen tritt das Familiengespräch als wesentlichstes diagnostisches und therapeutisches Potential.

Diese Gespräche dauern in der Regel 1–1½ h. Diese Zeit und auch die Erfahrung in der Gesprächsführung sind notwendig, um genügend relevante Informationen zu bekommen, die ein systemisches Verständnis sowie eine systemische Therapieplanung ermöglichen.

In den meisten Fällen werden die Weichen für den weiteren Verlauf einer Therapie bereits nach dem ersten Gespräch gestellt.

Daß diese Erfahrungen nicht einseitige, vom Therapeuten und seinem Therapiekonzept geprägte sind, zeigt uns eine Analyse von 40 Familientherapie-Erstgesprächen, wobei es uns v.a. darum ging, herauszufinden, was die betroffenen Familien selbst als wirksamste Hilfe wahrnahmen und wie sie das familientherapeutische Konzept persönlich einschätzen. Zusammengefaßt ergab diese Studie folgende Ergebnisse (Mangold 1985):

1. Faktoren wie Wärme und Verständnis, gegenseitige Sympathie, das Sich-aussprechen-können, das Interesse des Therapeuten an der ganzen Familie, das Ansprechen eigener Aktivität und Kompetenz haben mehr für die Zufriedenheit und einen positiven Gesprächsverlauf beigetragen, als ein fehlerfreies „methodisches Vorgehen". Das Vertrauen, das zwischen Arzt und Familie entsteht, aktiviert auch das Vertrauenspotential der Familienmitglieder zueinander.
2. Es zeigte sich, daß die Aktivität einzelner Familienmitglieder, die Übernahme der Verantwortung an der Lösung der Probleme mitzuarbeiten, ein wesentlicher

Faktor für den Erfolg darstellt. Es ist das Recht auf mehr Selbstverwirklichung für jedes Familienmitglied, das der Therapeut vermitteln kann. Wir müssen lernen, die „Einzigartigkeit" jeder Familie, mit den ihr eigenen möglichen Lösungen wahrzunehmen und zu akzeptieren, ohne unsere eigenen Vorstellungen von einer gesunden Familie darüberzustülpen. Familien können oft viel erstaunlichere Lösungsmöglichkeiten finden, als wir es können.

3. Ein weiterer wesentlicher Faktor ist das unbedingte Einhalten der Neutralität, der Allparteilichkeit.
   Dazu ist notwendig, daß wir auch subtile Koalitionsbestrebungen einzelner Familienmitglieder erkennen müssen, um nicht in das Netz bestehender familiärer Beziehungen verwickelt zu werden. Allparteilichkeit ist ein strukturierendes Prinzip, das positive Veränderungen auslöst, Vertrauen wachsen läßt und Wiederherstellung von Gerechtigkeit in der Familie ermöglicht.
4. Die Fähigkeiten das Gespräch zu strukturieren, familiendynamische Zusammenhänge zu erkennen und direkt anzusprechen sind wichtig, um bereits am Ende des Erstgespräches ein klares Therapieziel sowie eine Therapieplanung zu verwirklichen.
   Systemisch zu denken ist eine neue Sichtweise, nicht nur nach Ursache und Wirkung, nach gesund oder krank, nach Recht oder Unrecht zu fragen, sondern v. a. die gegenseitigen Beeinflussungen und Abhängigkeiten zu erkennen.
   Bateson (1981), der Begründer der systemischen Denkweise, sagt, daß Weisheit das Bewußtsein darüber ist, wie alle Kreise in einem System sich beeinflussen und verbunden sind, d. h. es ist nicht die Familie, die das „individuelle Problem" verursacht und auch nicht das „individuelle Problem" welches das „Familienproblem" bedingt. Kein Element steht über oder kontrolliert das andere.

Versorgungsmodell bei psychosomatischen Erkrankungen an der Universitäts-Kinderklinik Innsbruck

In Abb. 1 ist die Organisationsstruktur in der Versorgung psychosomatisch kranker Kinder und Jugendlicher dargestellt, wie sie sich in der Zusammenarbeit zwischen den medizinischen Abteilungen und der Psychotherapeutischen Abteilung der Univ.-Kinderklinik entwickelt hat.

In diesem Versorgungsmodell gibt es vier Schnittstellen, an denen für den Verlauf der Betreuung wichtige Weichen gestellt werden und damit unsere besondere Aufmerksamkeit erfordern.

Diese Weichenstellungen betreffen:

1. Die Art und Vorbereitung der *Zuweisung* zur Psychotherapie oder Familientherapie.
2. Die Bedeutung und das Problem *des Übergangs* von der individuum- und symptomorientierten medizinischen Ebene auf die systemisch orientierte Beziehungsebene.
3. Die Bedeutung des strukturierten, familiendynamischen Erstgesprächs.
4. Die Indikation und adäquate Vorbereitung zur stationären Therapie.

(Punkt 3 und 4 sollen hier nicht weiter ausgeführt werden, da sie bereits in diesem bzw. in einem anderen Beitrag (Mangold 1987) ausführlich behandelt wurden.)

Praktischer Arzt Kinderarzt Eltern direkt ↘	Praktischer Arzt Kinderarzt ↓ Allgemeine Ambulanz der Kinderklinik ↓	Praktischer Arzt Allgem. Ambulanz ↓ Stationäre Aufnahme auf einer med. Abteilung ↓	medizinische Ebene
	Psychosomatischer Konsiliardienst Problemzentriertes Vorgespräch zwischen überweisendem Arzt und erfahrenem Psychotherapeuten (Journaldienst) ↓		**Problem des Überganges** Von der *Symtomebene* (med.) auf die Beziehungsebene (psychosozial)
	Familiendiagnostischels Erstgespräch ↓ Ambulante Familientherapie	↓ Stationäre Psychotherapie und Familientherapie	psychotherapeutische – familientherapeutische Ebene

Abb. 1. Psychosomatisches Versorgungsmodell (Univ.-Kinderklinik Innsbruck)

Das Problem der Zuweisung

Die Art der Zuweisung kann einen ganz wesentlichen Faktor für das Erstgespräch und das Zustandekommen einer therapeutischen Beziehung haben. Es ist von Bedeutung, unter welchen Bedingungen eine Zuweisung erfolgt, wie die primäre Kontaktperson – Arzt, Psychologe, Lehrer etc. – diese Zuweisung dem Patienten und seiner Familie gegenüber erklärt und v. a. auch was der Zuweiser selbst für eine Einstellung zur Psychotherapie und Familientherapie hat.

Auch Ausbildung und Erfahrung spielen eine Rolle. Die schwierigste Situation entsteht für den Therapeuten, wenn der Zuweisende die Überweisung gegen seine eigene Überzeugung durchführt. Die beste Ausgangssituation schafft ein Zuweisender, der aus eigener Überzeugung eine Brücke zum Therapeuten schafft, den er im günstigsten Falle auch persönlich kennt und mit ihm zusammenarbeitet.

Eltern, die von sich aus den Kontakt zum Therapeuten suchen, haben in der Regel bereits eine gute Vorinformation und eine gute Motivation. Aber auch hier gibt es u. U. Schwierigkeiten, wenn die Hilfesuche nur durch *ein Elternteil* (meist die Mutter) geschieht, während der Partner in einer gegensätzlichen Meinung ärztliche Hilfe oder gar eine psychotherapeutische Hilfe ablehnt.

Dies kann aus einer unterschiedlichen Beurteilung des Problems zwischen beiden Eltern resultieren, oft verbergen sich dahinter jedoch ein ungelöster Partnerkonflikt und gegenseitige Schuldzuweisungen. Die Frage: „Wie sieht ihr Partner das Problem und welche Problemlösung hält er für sinnvoll?" vermittelt uns wichtige Informationen, ohne die eine sinnvolle Therapieplanung schwierig sein kann.

Noch schwieriger ist die Bedeutung des Zuweisenden richtig einzuschätzen, wenn Großeltern oder außerfamiliäre Institutionen ihre „Hand im Spiel" haben. Wenn diese außerfamiliären „Mächtigen" nicht in das „therapeutische System" miteinbezogen werden, tappen wir oft im Dunkeln und können nicht verstehen, warum die Therapie bzw. notwendige Entwicklungsschritte blockiert werden.

Auch Therapeuten und Ärzte, die bereits als Helfer in das „Familiensystem" eingebaut wurden, deren Hilfe zu keiner Besserung führte oder deren Hilfe abgelehnt wurde, haben als „Zuweisende" eine wichtige Funktion, deren Kenntnis für eine weitere Therapieplanung von großer Bedeutung ist. Palazzoli et al. (1981) haben diese Zusammenhänge untersucht und beschrieben, daß solche Zuweiser oft drei aufeinderfolgende relationale Phasen durchlaufen: zuerst Enthusiasmus auf Grund der herzlichen Aufnahme durch die Familie, zweitens ein zunehmendes Gefühl von Unbehagen und Unsicherheit, drittens – zusammen mit der Entscheidung, die Familie „abzuschieben", weiterzuweisen – Erschöpfung durch die vergeblichen Bemühungen, Änderungen hervorzubringen.

Wenn der „Zuweiser" ein Mitglied der Familie außer den Eltern ist, ist klarzustellen, welche Funktion dieses Familienmitglied im Familiensystem innehat.

Oft lassen sich dadurch versteckte Machtstrukturen erkennen, die eine Autonomieentwicklung auf der einzelnen Subsystemebene verhindern.

Die strukturelle Familientherapie nach Minuchin et al. (1981) bietet im Erkennen und Lösen solcher Generationsgrenzen überschreitenden Koalitionen und pathologischen Triaden ein wertvolles Modell.

Wenn der „Zuweiser" außerhalb der Familie steht oder eine soziale Institution vertritt (z.B. Sozialarbeiter, Psychologe, Lehrer etc.) und die weitere Therapie übernimmt, ist es ebenfalls günstig, ihn mit in das Erstgespräch einzubeziehen.

Wenn der Patient in einer kontinuierlichen ärztlichen Betreuung steht, ist auch die Einbeziehung des Arztes in das Familiengespräch vorteilhaft, einerseits weil er selbst das familiäre Bezugssystem und seine eigene Funktion besser erkennen kann und andererseits, weil er diese Informationen optimaler in sein eigenes Therapiekonzept integrieren kann.

Alle diese Überlegungen weisen darauf hin, wie wichtig es ist Wert darauf zu legen, daß das *familiendiagnostische Erstgespräch* mit der ganzen Familie und allen bekannten, wichtigen Bezugspersonen geplant wird.

An dieser Stelle soll darauf hingewiesen werden, daß die Arbeit der Abteilung so organisiert ist, daß der Therapeut, der das Erstgespräch führt, auch die weitere ambulante Therapie und falls notwendig die therapeutische Betreuung des Kindes und der Familie auch während des stationären Aufenthaltes verantwortlich führt. Die Familie sollte nicht durch verschiedene Experten verunsichert werden.

Der Therapeut ist auch für die notwendigen Kontakte mit Ärzten und anderen Institutionen verantwortlich.

Der psychosomatische Konsiliardienst als wichtige Vermittlungsstelle zwischen dem medizinischen und psychosozialen Versorgungssystem

Der psychosomatische Konsiliardienst hat sich in unserem Versorgungsmodell als wichtige Weichenstellung und Vermittlerfunktion zwischen den medizinischen Abteilungen und der Psychotherapeutischen Ambulanz entwickelt.

Ausgehend von der Beobachtung, daß die größte Anzahl der Therapieabbrüche dann geschehen, wenn ein Kind primär zur stationären Abklärung aufgenommen wird und dann, wenn durch die klinische Durchuntersuchung keine Ursachen der

Erkrankung gefunden werden und die Symptome nicht sistieren, letzten Endes die „Psychodiagnostik" verordnet wird.

Man könnte dann bagatellisierend und vereinfachend sagen: „Ja, das sind die Familien, die von vornherein eine starke Abwehr haben und keinerlei Verständnis für psychosoziale Krankheitsauslöser haben – sie zeigen eben keine Bereitschaft für eine psychotherapeutische Hilfe".

Andererseits können wir uns Ärzte fragen, wo denn unsere Abwehr diesen Familien gegenüber, aber auch einem psychosomatischen Verständnis gegenüber liegen. Was können wir tun um die Motivation dieser Familien zu steigern und unser eigenes Wissen in der Diagnostik und Betreuung dieser Familien zu erweitern.

Eine der praktikablen Vorgangsweisen, die sich neben Informationsweitergabe, Weiterbildungsangeboten und Verbesserung der gegenseitigen Kommunikation an unserer Klinik bewährt hat, ist der sog. „psychosomatische Konsiliardienst".

Er hat die Funktion bereits bei der Aufnahme von Kindern mit unklaren Krankheitsbildern gemeinsam mit dem jeweiligen Stationsarzt und wenn möglich auch mit den Eltern, das diagnostische und therapeutische Vorgehen zu planen, d.h. die somatische und psychosoziale Ebene gleichzeitig und gleichwertig einzuplanen.

Dadurch können unnötige Untersuchungen und Belastungen abgebaut werden, eine unnötige und alle Parteien frustrierende Spaltung in medizinische und psychosoziale Betreuung kann verhindert werden – eine Weiterführung einer Psychotherapie oder Familientherapie wird, wenn notwendig, mit einer verbesserten Motivation und weniger Angst oder Vorurteilen möglich werden.

Als Weiterentwicklung in der Betreuung von psychosomatisch kranken Kindern und Jugendlichen planen wir eine *„Psychosomatische Abteilung"*, die eine Mittelstellung zwischen Psychotherapeutischer Abteilung und den medizinisch orientierten Abteilungen der Klinik einnimmt.

Psychotherapeutische Abteilung	Psychosomatische Station als Modifikation und Ergänzung der derzeitigen Versorgung	Medizinische Abteilungen

Indikationen:

- Unklare, vermutlich funktionelle, psychosomatische Störungen bei denen noch keine adäquate medizinische Abklärung vorliegt und die zur medizinisch-klinischen Untersuchung zugewiesen werden.
- Wenn eine „Schwellenangst" zur Psychotherapie vorliegt und damit zusätzliche Belastungen entstehen.
- Bei noch nicht chronifizierter Symptomatik und nicht fixierten und länger dauernden familiären Beziehungskrisen.

Therapeutisches Konzept:

- Medizinische, psychologische und familiendynamische Diagnostik und Therapie wird *gleichzeitig* und *gleichwertig* angeboten.
- Das Team ist auf eine Kooperation von Ärzten, Psychologen und Familientherapeuten ausgerichtet.
- Verwirklichung einer „reflektierten Kooperation" zwischen Organmedizin und psychosozialer Medizin. Für Therapie und Ausbildung (Lehr- und Ausbildungsauftrag).
- Gesamtorientierung am *systemischen Modell,* d.h. das Erstgespräch (Aufnahme) muß bereits familiendynamisch orientiert sein (Weichenstellung für die weitere Diagnostik und Therapieverlauf).

Abb. 2. Zukunftsmodelle

Tabelle 1. Weitere Vorteile einer Psychosomatischen Abteilung

- Optimierung des *Versorgungsangebotes* durch eine verbesserte Diagnostik und einem Therapieangebot auf mehreren Prozeßebenen.
- Optimierung der Aus- und Weiterbildung in psychosomatischer Medizin.
  Sowohl die Zusammenarbeit zwischen Medizinern und Psychotherapeuten auf einer Psychosomatischen Abteilung sowie die flexible Zusammenarbeit zwischen Psychotherapeutischer Abteilung und der Psychosomatischen Abteilung bilden einen Lern- und Erfahrungshintergrund auf dem sich eine echte integrative, psychosomatische Medizin entwickeln kann.

In diesem Modell könnte eine „*integrative psychosomatische Medizin*" praktiziert werden, indem auf dieser Station medizinische, psychologische und familiendynamische Diagnostik und Therapie gleichzeitig und gleichwertig angeboten werden kann.

In Abb. 2 sowie Tabelle 1 werden Indikationen, therapeutisches Konzept und die besonderen Vorteile einer psychosomatischen Abteilung kurz zusammengefaßt.

Literatur

Bateson G (1981) Die Ökologie des Geistes. Suhrkamp, Frankfurt

Deissler K et al. (1986) Trancephänomene, systemische Utilisierung oder Selbstveränderung. Familiendynamik 11: 29–56

Mangold B (1981) Psychosomatik der akuten Atemnotanfälle aus der Perspektive der Familientherapie. Pädiatr Padol 16: 243–255

Mangold B (1982) Psychosomatik und Familientherapie, Theorie und klinische Praxis. Prax Kinderpsychol Kinderpsychiatr 6: 207–213

Mangold B (1982) Psychosomatisches Schmerzsyndrom des Bewegungsapparates. Monatszeitschr Kinderheilkd 130: 852–856

Mangold B (1984) Psychosomatik nicht epileptischer Anfälle. (Pädiatrie und Pädologie, Suppl 7) Springer, Berlin Heidelberg New York Tokyo

Mangold B (1985) Das ärztliche Gespräch als therapeutisches Potential in der Behandlung psychosomatisch kranker Kinder und deren Familien. In: Biermann G (Hrsg) Das ärztliche Gespräch. Reinhardt, München, S 83–85

Mangold B (1987) Psychosomatische Erkrankungen in der Pubertät und Adoleszenz. Praxis der Kinderpsychologie und Kinderpsychatrie 36: 240–248

Mangold B (1987) Pädiatrische Psychosomatik. Monatsschrift Kinderheilkunde 135: 499–503

Mangold B (1987) Einflüsse der systemischen Familientherapie auf die Organisation und Arbeitsweise einer psychotherapeutischen Kinderabteilung. In: Sammelband Psicologie relazionale Editione Unicopli, 20135 Milano, S 281–290

Minuchin S et al. (1981) Psychosomatische Krankheiten in der Familie. Klett-Cotta, Stuttgart

Palazzoli MS (1986) Das Problem des Zuweisenden. Zeitschrift für systemische Therapie Jg 4 (1) 47–61

Palazzoli S et al. (1981) Hypothetisieren, Zirkularität, Neutralität: Drei Richtlinien für den Leiter der Sitzung. Familiendynamik 6: 123–129

Penn P (1983) Zirkuläres Fragen. Familiendynamik 8: 198–220

Psychosomatik nichtepileptischer Anfälle im Kindes- und Jugendalter

B. MANGOLD

Einleitung

Die vielfältigen Ansätze zur Modellbildung in der psychosomatischen Medizin werfen die Frage auf, in welcher Weise diese Modelle sich gegenseitig definieren, ergänzen oder miteinander konkurrieren. Eine interdisziplinäre Medizin, die eine Wissenschaft von gesunden und kranken Menschen schlechthin sein sollte, kann nicht allein durch das additive Aneinanderreihen von Befunden erreicht werden. Interdisziplinarität schließt daher die Notwendigkeit einer zeitweiligen und partiellen Identifizierung mit zunächst fremden wissenschaftlich theoretischen und methodischen Ansätzen ein, die in der Praxis meist erst in einer Teamarbeit mit gleichen Zielsetzungen erreicht werden kann. So kann sich m. E. in einer Klinik keine psychosomatische Medizin entwickeln, wenn nicht ein Forum, ein Klima besteht, in der das Ziel einer interdisziplinären Zusammenarbeit bewußt angestrebt und vom *System* akzeptiert wird.

Interdisziplinarität ist ein synthetisches Prinzip, ist ein Bewußtsein, das imstande ist, verschiedene, scheinbar unterschiedliche, widersprüchliche oder sogar gegensätzliche Ansichten auf einer höheren Stufe zusammenzufügen und den Wahrheitsaspekt jeder isolierten Aussage – die sich als Teilwahrheit erweist, herauszustellen.

Gegenseitige Achtung und gemeinsames Interesse an einer Problemstellung sind es, die eine echte interdisziplinäre psychosomatische Forschung und Therapie möglich machen.

Es gelten hier dieselben Grundsätze, wie sie in der systemischen Familientherapie deutlich werden – nämlich, daß die Familiendynamik niemals die Summe der Verhaltensweisen der Familienmitglieder ist, sondern nur auf der komplexeren Ebene der Beziehungdynamik, auf einer anderen Dimension erfaßbar werden.

Ich werde versuchen, anhand eines Stufenmodells, somatische, individualpsychologische, familiendynamisch-systemische Probleme darzustellen und gleichzeitig aufzuzeigen, in welchem ganzheitlichen Bezugssystem sie zueinander stehen.

Vereinfacht ausgedrückt, könnte man von einer ein-, zwei- und dreidimensionalen Sichtweise sprechen.

Die Entwicklung in der psychosomatischen Forschung unterscheidet sich von der rein naturwissenschaftlichen, daß das Suchen nach Zusammenhängen nicht auf einer Ebene allein weitergeführt wird (immer differenziertere Untersuchungsmethoden), sondern daß die Einbeziehung einer höheren, komplexeren Ebene notwendig wird, um Vorgänge richtig zu verstehen, wie z. B. bestimmte Veränderungen im somatischen Bereich erst auf der psychophysiologischen Ebene, diese wiederum erst auf der Interaktionsebene im familiären Bereich einen sinnvollen Zusammenhang ergeben.

Die Vorteile eines solchen Modells sind folgende:
1. Es wird eine Differenzierung der Kontextebene vorgenommen, die es erlaubt, Beschreibungen verschiedenster Art einem jeweils bestimmten Niveau zuzuordnen. Somatische Prozesse werden nicht bestritten, sie werden als integrierte Subprozesse verstanden.
2. Das Herausgehen aus dem linear-kausalen Denksystem in das zirkuläre, systemische (ökologische) Denken erlaubt es, dualistische Konzepte zu relativieren. So kann die Leib-Seele-Trennung aufgehoben werden.
3. Die theoretische Zuordnung verschiedener diagnostischer und therapeutischer Verfahren wird nicht mehr in eine unversöhnliche Zweiteilung gepreßt.
4. Wenn man die richtige Bezugsebene findet, die eine Lösung der Problematik ermöglicht, kann man eine Chronifizierung mit ihrer krankheitserhaltenden Eigendynamik verhindern (fehlende Lösungsmöglichkeiten als wesentlicher Faktor krankmachender Prozesse).

In einer Metapher ausgedrückt
- Jemand, der ein psychosomatisches Symptom heilen will, indem er das Symptom zum Verschwinden bringt (z. B. medikamentös), handelt wie einer, der bei einer komplizierten Heizanlage glaubt, das Problem zu lösen, wenn er die Warnlampe herausschraubt.
- Jemand, der hinter einem Symptom einen komplexeren Zusammenhang zur Psyche und Beziehungssituation des Patienten erkennen kann, handelt wie jemand, der aus einer Fülle von Möglichkeiten diejenige aussucht, die mit wenig Aufwand eine Änderung auf allen Ebenen möglich macht – er hat den richtigen Schlüssel, um ein *Erkrankungssignal* in ein *Genesungssignal* umzulenken.

Wenn wir Gesundheit und Krankheit als ein multidimensionales Phänomen mit voneinander in Wechselwirkung stehenden physischen, psychischen und sozialen Aspekten sehen, so äußert sich unsere ärztliche Fähigkeit darin, daß wir den relativen Beitrag biologischer, psychischer und sozialer Faktoren bei der Erkrankung eines Patienten richtig einschätzen. Dazu brauchen wir Grundkenntnisse in Biologie, Psychologie und Familiendynamik, aber auch ein Wissen um unsere eigene Lebensgeschichte, eigene Verhaltensweisen und unsere eigenen Beziehungsstrukturen, die im Kontakt zu jedem Patienten, speziell bei psychosomatisch kranken, deutlich werden. Ich möchte im folgenden diese theoretischen Ausführungen und Hypothesen am konkreten Problem „psychogener Anfälle" darstellen.

Die somatische Ebene

Psychogene Anfälle zählen im Kindes- und Jugendlichenalter zu den wichtigsten und schwierigsten differentialdiagnostischen Abgrenzungen gegenüber der Epilepsie. Nichtepileptische Anfälle können im klinischen Bild einer epileptischen Reaktion äußerst ähnlich sein. Auch ist die Reduktion der Anfallsdiagnostik auf das Hirnstrombild nicht zulässig. Die klinische Realität zwingt uns zur größeren Skepsis und zur Erarbeitung besserer Unterscheidungskriterien. Man kann nicht ausdrücklich genug betonen, daß die Differentialdiagnose zwischen nichtepileptischen und epileptischen Anfälle von der EEG-Labordiagnose wieder zur ganzheitlichen klinischen und psychosomatischen Beurteilung verschoben werden muß. Die Schwierigkeit der Differentialdiagnose ist nicht die Ausnahme, sondern das Charakteristikum psychogener Anfälle, wie erfahrene Epileptologen zum Ausdruck bringen. „Es gibt kein Einzelmerkmal, dessen Vorkommen die Unterscheidung beider Anfallsarten mit Sicherheit treffen ließ" (Kehrer). „Die Interpretation einzelner Anfälle stellt uns zuweilen an die Grenzen unserer diagnostischen Möglichkeiten" (Rabe 1970). Auf der medizinisch-neurophysiologischen Ebene haben wir vor allem zwei Möglichkeiten, die Differentialdiagnose zu verbessern:

a) bessere Analyse der Symptomatik und vor allem eine differenzierte Verlaufsbeobachtung (Langzeit-Video-EEG-Aufzeichnungen);
b) neuere Erkenntnisse aus der Hirnphysiologie durch Verwendung von Tiefenelektroden, die z.B. zur Differentialdiagnose zwischen Temporallappenepilepsie und psychischen Erkrankungen beitragen kann (Temporallappenepilepsie/Schizophrenie).

ad a) Eine genaue Anamnese des Krankheitsverlaufes, sowohl im Hinblick auf die Symptomatik als auch auf die durch die Symptomatik ausgelösten Veränderungen in der Psyche und in der Beziehungsdynamik des Kindes und seiner Familie läßt eine Reihe von Kriterien erkennen, die eine Psychogenese zumindest andeuten. Solche Kriterien sind u.a. situative Bindung der Anfälle, reaktives Auftreten, Appellationscharakter, dramatisches Anfallsbild, Erhaltenbleiben einer partiellen Reaktionsfähigkeit, Fehlen einer postparoxysmalen Erschöpfung, Unterbrechbarkeit der Anfälle. Eine Bereicherung der Diagnosemöglichkeiten bieten die Langzeit-Video-EEG-Aufzeichnungen. Wobei in erster Linie klinische und elektrographische Phänomene der videoregistrierten Episoden zur Differentialdiagnose eingesetzt werden. In einer Studie von King et al. (1982) konnte damit in 91% (Fallzahl 60) eine Diagnose gestellt werden. Die Studie zeigt auch, daß die Differenzierung zwischen epileptischen und nichtepileptischen Anfällen auf der Basis der klinischen Beobachtung und der Anamnese oft inkorrekt ist. Eine korrekte Diagnose durch den zuweisenden Arzt lag bei epileptischen Anfällen bei 80%, bei nichtepileptischen Anfällen nur bei 50%. Besser schneidet die direkte Beobachtung des Stationspersonals ab, die eine korrekte Beurteilung in 80% sowohl bei epileptischen wie auch bei nichtepileptischen Anfällen erreichen (King et al. 1982).

ad b) Neuere Erkenntnisse durch Tiefenelektroden. Der Einsatz dieser Methodik setzt die entsprechenden neurochirurgischen Möglichkeiten voraus und ist sicherlich nur wenigen Fällen therapieresistenter, differentialdiagnostisch schwierig einzuordnender Anfälle vorbehalten. Tiefenelektrodenableitungen lassen klare Korrelationen zwischen interiktalen Spike-Aktivität und neurophysiologischen Defiziten erkennen. Es werden auch Veränderungen in der interiktalen Phase registriert, wenn das Oberflächen-EEG normal ist (Wieser 1983). Daß die Abweichungen sowohl bei epileptischen aber auch bei nichtepileptischen Patienten, z.B. bei Psychosen, im selben anatomischen Bereich auftreten, läßt uns erkennen, daß möglicherweise auch auf dieser Ebene Zusammenhänge zwischen psychotischer Reaktion und neurophysiologischen Prozessen in Zukunft besser erforscht werden können (Heath 1982). Der Begriff der „forcierten Normalisierung“ von Landolt (1963) oder der „alternativen Psychose“ von Tellenbach (1965) beschreibt die klinische Erfahrung einer alternierenden Symptomatik psychopathologischer Bilder mit Anfallsleiden.

Die psychophysiologische Ebene

Die psychophysiologische Forschung in der Psychosomatik hat, ausgehend vom Streßmodell psychosomatischer Erkrankungen, viele Erkenntnisse gebracht, die uns immer vielgestaltiger Zusammenhänge zwischen emotionalen und neurophysiologischen, neurohumoralen, neuroendokrinen, biochemischen Veränderungen nachweisen lassen; sie hat uns aber ebenso aufgezeigt, daß diese meßbaren Veränderungen nur Reaktionen auf komplexere Vorgänge sind und nicht überinterpretiert werden dürfen (Weiner 1977). So zeigt sich, daß die Messungen von Streßfaktoren allein nicht indikativ sind, sie sind irrelevant für Diskussionen über somatische Risikofaktoren. Maßgebend sind die Dauer und die Intensität von Streßfaktoren. Nur anhaltende Aktivation erzeugt Pathologie, weil bestimmte Organe dabei reversible oder irreversible Änderungen erfahren. Anhaltende – pathologische – Aktivierung entsteht, wenn der Mensch keine Möglichkeit hat oder nicht erlernt, Kontrolle und Anpassung zu erreichen. Auf der psychologischen Ebene führt dies zur Erforschung der *Copingmechanismen.* Gleichzeitig wird in unserem Modell klar, daß Copingmechanismen – Fähigkeit, sich Umweltbedingungen anzupassen oder belastende Situationen zu lösen – im wesentlichen von Lernfaktoren in der Familie und vor allem auch von den Problemlösungsfähigkeiten einer Familie abhängen, in der das Kind aufwächst. Die Streßforschung zeigt auch auf, daß psychologische und soziale Faktoren ähnliche Affekte wie physikalische Streßsituationen auslösen und wahrscheinlich wichtiger und potenter sind. Streß ist ein Faktum, und Streß macht nicht krank, es scheint die Art wie der Mensch mit Streßsituationen umgehen kann wichtiger zu sein als der Streß selbst. Untersuchungen der Veränderungen im biochemischen und hormonellen Status läßt auf die funktionierenden oder nichtfunktionierenden Copingmechanismen im weiteren Sinne „Problemlösungsfähigkeit“ eines Menschen, einer Familie rückschließen. Hilflosigkeit, Depression, Kontrollverlust, Handlungsunfähigkeit, fehlende adäquate Emotion, Deprivation, fehlende Kommunikation sind Faktoren, die zu einer anhaltenden und dadurch pathologischen Aktivierung biologischer Veränderungen führen. Methoden zur Reduktion des Aktivationspegels, Ermöglichung von Ruhepausen, bessere Problemlösungsmöglichkeiten bieten eine effiziente Prophylaxe gegen die Konsequenzen von psychologischem Streß. Relaxation und Schlaf, angeborene und universelle Fähigkeit lebender Organismen können notwendige Ruhepausen ermöglichen. Methoden, die therapeutisch eingesetzt werden können, sind Entspannungstechniken wie Meditation, autogenes Training, progressive Relaxation, Biofeedback. Unter diesen Relaxationstechniken kommt es zu meßbaren physiologischen und kognitiven Veränderungen.

Psychophysische Zusammenhänge bei psychogenen Anfällen

EEG-Ableitungen während konfliktzentrierten Gesprächen lassen teilweise Zusammenhänge zwischen Konflikt, Emotion und Hirnstrombild erkennen. Paroxysmale Phasen treten auf, wenn blockierte Gefühle wie Ängste, Aggressionen angesprochen werden, die sonst vom Patienten nicht zum Ausdruck gebracht werden können oder dürfen (Gottschalk 1955). Noch deutlicher werden die Zusammenhänge bei Verwendung von Tiefenelektroden, die im limbischen Bereich implantiert werden. Sie zeigen, daß es während emotionalen Ausbrüchen zu EEG-Veränderungen im Temporallappen kommt; wenn die emotionale Dysfunktion verschwindet, verschwinden auch die EEG-Abweichungen. Die Tiefenableitungen zeigen konsistente Veränderungen während des aggressiven Verhaltens. Auch eine Provokation von Aggression durch ein psychiatrisches Interview führt zu den selben Veränderungen – auch intensive Freude kann analoge EEG-Veränderungen auslösen (spike and slow wave activity – im Hyppocampus und Nucleus amygdale). Diese Abweichungen treten auch bei nichtepileptischen Patienten im selben anatomischen Bereich auf (Heath 1982). Die klinisch-therapeutische Erfahrung, daß eine direkte Wechselbeziehung zwischen Aggression und Anfallsgeschehen besteht, bestätigt diese Ergebnisse. Je mehr Aggression adäquat geäußert werden kann, desto geringer die Häufigkeit und die Intensität der Anfälle (Mangold 1984). Diese funktionellen psychophysischen Zusammenhänge werden auch deutlich, wenn wir über die Selbstwahrnehmung unserer Patienten mit psychogenen Anfällen in ihre subjektive Erlebniswelt Einblick gewinnen.

Beispiel: Heidi, 12½ Jahre alt (direkte verbale Äußerung): „Wenn ich mich aufrege oder es zu laut wird, bekomme ich Kopfschmerzen, es bleibt mir die Luft weg, ich habe Angst, daß ich ersticken muß – ich kann nicht mehr atmen – ich bekomme stechende Kopfschmerzen – dann schießt es mir wie ein Pfeil durch meinen Kopf und ich bekomme einen Anfall.“ Anamnestische Bemerkung: Heidi kann Aufregungen und Schreien nicht ertragen, weil dadurch ihre Angst und Hilflosigkeit reaktiviert wird, die durch jahrelange massive Auseinandersetzungen zwischen ihrem alkoholkranken Vater und ihrer Mutter entstanden sind. Während ihrer Anfälle hält sie die Hände vor ihr Gesicht und sagt: „Ich kann das nicht mit ansehen.“ Im Laufe der Therapie werden uns diese Zusammenhänge immer deutlicher, womit auch eine bewußte Verbindung zwischen Emotion und Körperreaktion wiederhergestellt werden kann.

Daß über die Chance, Emotionen zeigen zu dürfen, auch wieder eine Kommunikation möglich wird, zeigt sich z. B. in einer Mitteilung eines 13jährigen Buben, der täglich bis zu 30 Ohnmachtsanfälle hatte und dem jede adäquate emotionale Äußerung versperrt war. „Auf meinen Therapeuten habe ich eine Wut, ich kann sie nicht beschreiben; wenn mich der Zorn packt, könnte ich ihn in der Luft zerreißen – aber er ist nie da, wenn ich die Wut habe, dann muß ich einen Blödsinn nach dem anderen machen – ich zerreiße alles, ich laufe fort, ich schlage Gläser zu Scherben – dann stelle ich fest, daß dies gar nicht sein müßte. Ich kann nichts dafür, aber etwas Unsichtbares zwingt mich dazu, ich kann es nicht beschreiben. Aber wenn ich das tue, dann kommt der Therapeut und redet mit mir.“ Früher waren es die Anfälle, die notwendig waren, um eine Hilfe zu bekommen. Das Durchbrechen aggressiver Impulse mußte somatisiert werden – er hält die Luft an, wird rot im Gesicht, dann bekommt er stechende Kopfschmerzen, die den Anfall auslösen. „Es ist, als ob in meinem Kopf etwas explodieren würde, dann werde ich bewußtlos.“

In diesen Selbstdarstellungen und Phantasien von Kindern und Jugendlichen finden wir oft einen direkten Zugang zur Erlebniswelt des Kindes und damit zu einem Verständnis für die psychosomatische Erlebnisqualität des Symptoms. Hier können wir auch ahnen, wie sich Angst und gestaute Aggressionen Durchbruch und Erleichterung verschaffen in Form eines epileptischen Anfalles oder verstehen, daß das psychosomatische Phänomen des Krampfanfalles ein rudimentärer Anpassungsversuch im Anblick überwältigender Emotionen ist (Mangold 1983).

Die psychologische Ebene

In der Entwicklung der Psychosomatik war die psychologische Ebene lange Zeit die einzige Möglichkeit, einen Zugang zum Verständnis psychosomatisch-funktioneller Erkrankungen zu finden. Das Erkennen psychodynamischer Zusammenhänge brachte jedoch nicht die erwartete Hoffnung, die Diagnostik und Therapie psychosomatischer Erkrankungen wesentlich zu verbessern. Der Versuch, charakteristische Persönlichkeitsstrukturen für bestimmte Symptome herauszukristallisieren, hat in der psychosomatischen Forschung relativ wenig Aufschluß gebracht. Der Übergang von individualpsychologischen Beobachtungen zum Erkennen von Interaktionsstrukturen fand zuerst in der Analyse der Mutter-Kind-Beziehung statt, wodurch man darauf aufmerksam wurde, daß das kindliche Verhalten im wesentlichen ein Antwortverhalten auf die Mutter darstellt und umgekehrt (Symbioseforschung) – „das Tun des einen ist das Tun des anderen". Symbiotische Beziehungsstrukturen, Trennungsängste, Rollenfunktionen sind wichtige Faktoren im Krankheitsgeschehen des psychosomatisch kranken Kindes und können in der Individualdiagnostik und in der Individualtherapie nicht genügend erkannt und therapeutisch verändert werden. Symptome auf der psychischen Ebene sind bei psychosomatisch Kranken weitgehend verdrängt und können eher an den Verdrängungsmechanismen erkannt werden, als an adäquater psychischer Reaktion wie Angst, Aggression etc. Sie werden nur z.T. im projektiven Testverfahren sichtbar – aus diesem Grund ist die Testdiagnostik im Vergleich zur „Beziehungsdiagnostik" zumindest im Kindes- und Jugendalter wenig aussagekräftig. Es ist bekannt, daß gerade psychosomatisch reagierende Kinder eine auffallende Schwierigkeit bzw. Unfähigkeit haben, Gefühle zu benennen und auszudrücken. Ihre Phantasie und sprachliche Ausdrucksweise ist verarmt (blockiert), so sehr, daß auch in den projektiven Tests bei Emotionen keine innere Beteiligung spürbar wird. Gerade diese Unauffälligkeit ist ein wesentlicher Grund, warum man bei psychosomatisch Kranken oft an einer rein organischen Genese hängen bleibt. Da es sich bei psychosomatischen Erkrankungen sehr oft um chronifizierte Zustände handelt, muß man klar zwischen dem Ursprung einer Erkrankung und der Eigendynamik der Erkrankung im Sinne einer negativen Spirale und einer zunehmenden Einengung der Flexibilität auf allen Ebenen unterscheiden. In Krankheiten, die eine Chronifizierung und negative Rückkoppelungsprozesse erkennen lassen, ist eine Reduktion auf rein organische oder rein psychogene Faktoren von besonderer Gefahr, da jede Einseitigkeit die Chance einer Wiederherstellung eines Gleichgewichtes und damit der notwendigen Flexibilität des Organismus, die zur Gesundung führen kann, verunmöglicht.

Die familiendynamisch-systemische Ebene

Die Entwicklung in der Diagnostik und Therapie psychosomatischer Erkrankungen sowie unsere praktische Erfahrung zeigt uns, daß es nicht möglich ist, psychosomatische Symptome allein aus einer individuumzentrierten Persönlichkeitsanalyse heraus zu verstehen. Die Analyse der familiären Beziehungsstrukturen macht es uns möglich, die wesentlichen Zusammenhänge zu erkennen, die für die Entstehung, aber auch für den Verlauf einer psychosomatischen Erkrankung von Bedeutung sind. Im familiären Kontext stellt sich uns nicht allein die Frage: „Was bedeutet die Krankheit für den Betroffenen, sondern welche Bedeutung hat die Krankheit für die gesamte Familie?" Wir erkennen psychosomatische Krankheiten mehr und mehr als Signal eines gestörten familiären, intrapsychischen und somatischen Gleichgewichtes. Wir erkennen Krankheit als sinnvoll und keative Leistung im Dienste der Selbstheilung als Versuch, eine seelische Verletzung auszugleichen oder einen unbewußten Konflikt zu lösen (Beck 1985). Für das Kind in seiner Famiile ist es sein Beitrag, die Familie zu stabilisieren und gleichzeitig auf einem Umweg zu signalisieren, daß eine Neuorientierung, eine Weiterentwicklung eigener, partnerschaftlicher und familiärer Ressourcen notwendig sind. Um gesund zu sein, muß ein Organismus seine individuelle Autonomie bewahren, gleichzeitig jedoch in der Lage sein, sich harmonisch in ein großes System – Familie/Gesellschaft – zu integrieren. Gesundheit im systemischen Sinne ist ein multidimensionales Phänmen mit voneinander in Wechselbeziehung stehenden physischen, psychischen und sozialen Aspekten. Körperliche Erkrankung in diesem weitgefaßten, psychosomatischen Sinne ist damit kein absurdes Geschehen, das mit chemischen und operativen Eingriffen möglichst schnell zum Verschwinden zu bringen ist, sondern der Ausdruck eines sinnvollen Ringens um seelische und körperliche Wiederherstellung.

Familiendynamische Aspekte bei psychogenen Anfällen

Ich möchte im folgenden auf einzelne familientherapeutische Ansatzpunkte bei Kindern mit psychogenen Anfällen hinweisen. Die Wechselbeziehung der einzelnen Problemkreise werden in Abb. 1a, b dargestellt.

Die *Angst* eines Kindes läßt sich im Erkennen familiärer Beziehungsstrukturen oft auf das angstinduzierende Verhalten eines Elternteiles zurückführen. – Eine Lösung der Angst des Kindes wird erst dann möglich sein, wenn Eltern die Verarbeitung eigener verdrängter Ängste möglich wird. – Eigene unbewältigte Angsterlebnisse – bestehende Abhängigkeit und Verstrickung mit der Ursprungsfamilie –, fehlende Eigenerfahrung, wie Eltern einem Kind Sicherheit und Geborgenheit vermitteln können, sind die eigenen Probleme, die Eltern lösen müssen, um ihren Kindern wieder Sicherheit vermitteln zu können. – Viele Ängste der Kinder werden verstehbar, wenn man die Angst vor dem Alleingelassenwerden dieser Kinder erkennen kann, die sie intuitiv spüren, wenn z. B. nicht lösbare Partnerkonflikte vorliegen.

Therapeutische Interventionen im Hinblick auf die *Aggressivität:* Destruktive Aggressivität ist u. E. eine Folge einer gestörten intrafamiliären Beziehung und signalisiert den totalen Zusammenbruch der Kommunikation, aber auch gleichzeitig

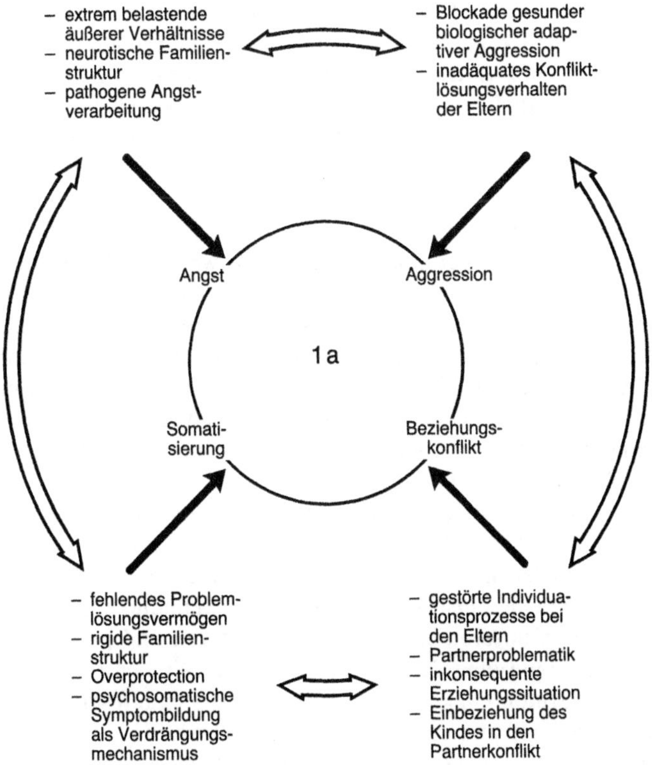

Abb. 1a. Systemischer Aspekt einer psychosomatischen Erkrankung (im familiären System)

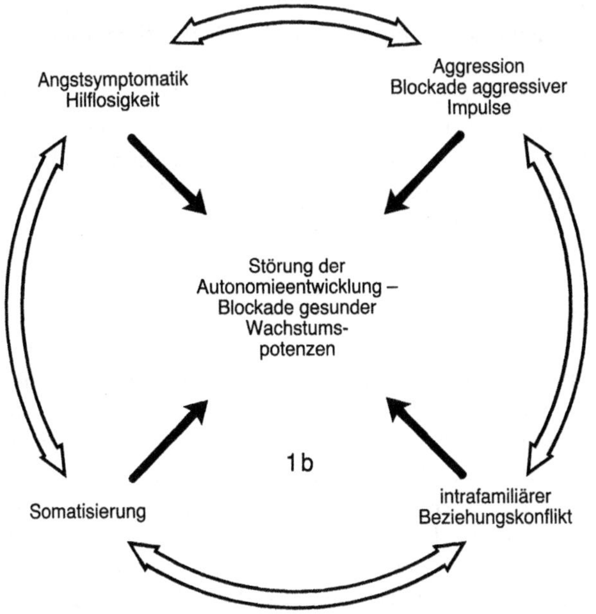

Abb. 1b. Systemischer Aspekt einer psychosomatischen Erkrankung (im individuellen System)

den Willen zum psychischen Überleben eines jeden einzelnen in der Familie, nicht nur des Kindes. Der therapeutische Weg muß herausführen aus der Eskalation der Gegensätzlichkeiten wie Macht und Ohnmacht (meistens der Kinder), gesund und krank, normal und verhaltensgestört. Je stärker die Aggression, desto stärker auch die gegenseitige Abhängigkeit. Nur der Aufbau von mehr Kompetenz für jeden und mehr Selbstverwirklichung und gegenseitige Akzeptanz, die nicht auf Kosten des Schwächeren geht, kann therapeutisch wirksam werden. Allparteilichkeit und Neutralität des Therapeuten ist eine Grundvoraussetzung, die es allen Familienmitgliedern möglich macht, mehr Autonomie, mehr Selbstwertgefühl zu erreichen.

Auch die Entwickung *hysteroider Verhaltensweisen* beim Kind ist ein Beziehungsprozeß. Das Kind wird zum Austragungsort neurotischen Fehlverhaltens eines Elternteiles, einer dysfunktionalen Partnerschaft, die über unterschiedliche Erziehungsvorstellungen über das Kind ausgetragen wird, sowie unklarer Generationengrenzen und Abhängigkeiten von der Ursprungsfamilie, die eine funktionierende Lebensgemeinschaft mit klaren Regeln nicht möglich macht, solange die primären Beziehungsprobleme nicht gelöst werden können.

Ein weiterer wesentlicher Bezugspunkt bei psychosomatischen Erkrankungen sind Entwicklungsphasen, die mit der *Autonomieentwicklung* des Kindes im Zusammenhang stehen. So spielen in der Genese der psychogenen Anfälle auch pubertäre Loslösungsprobleme eine entscheidende Rolle. Der Häufigkeitsgipfel des Erkrankungsbeginns liegt in unserer Studie im präpubertären und pubertären Alter (11 Jahre). Es besteht somit eine deutliche Korrelation zwischen Loslösungsprozessen bei einer gestörten Autonomieentwicklung und der Erstmanifestation des Anfallsgeschehens, wie sie auch in anderen Studien festgestellt wurde.

Ein charakteristisches Merkmal, gerade im Hinblick auf die psychosomatische Erkrankung scheint das häufige Fehlen einer Trotzphase in der Entwicklung dieser Kinder und die Tatsache, daß die betroffenen Jugendlichen in ihrer Entwicklung besonders unproblematisch – bis zum Ausbruch der Symptomatik – gelten. Die Eltern stehen dann begreiflicherweise genauso wie die Ärzte vor einem Rätsel, womit ein Verständnis für die Symptomatik erschwert wird. Die notwendige therapeutische Änderung in der Phase der Pubertät kann als Domäne der Familientherapie bezeichnet werden, da eine echte Lösung nur mit Wahrung der familiären Loyalität möglich ist. Eine Autonomieentwicklung des Jugendlichen geht parallel zur Fähigkeit und Bereitschaft der Eltern, ihre Kinder loszulassen.

Sozialpsychologische Ebene

Es ist auch wichtig, die sozialen außerfamiliären Bezugssysteme eines Jugendlichen zu kennen – Schule, Freunde, Verwandte, Jugendgruppen –, um belastende, aber vor allem auch therapeutisch wirksame Alternativen zum Aufbau außerfamiliärer, stabilisierender Beziehungen zu finden. Ebenso ist es charakteristisch, daß Familien mit psychosomatisch kranken Mitgliedern in vielen Fällen in einer ungelösten Beziehungsproblematik zu ihren Herkunftsfamilien stehen, womit die Mehrgenerationenperspektive und ein Nachvollzug der gesunden Abgrenzung gegen die Ursprungsfamilie ein wesentlicher Bestandteil der Familientherapie wurde. Die stationäre Therapie gibt uns die Möglichkeit, einerseits die Vorgänge auf der Familienebene besser zu begreifen, andererseits die Entwicklungsschritte der altersadäquaten Loslösung aus der Familie in außerfamiliäre Sozialstrukturen zu unterstützen.

Stationäre Psychotherapie bei Kindern mit psychogenen Anfällen

Die Integration auch eines schwierigen Kindes in die therapeutische Gruppe durch Annahme und Akzeptieren des Kindes, auch seines problematischen Verhaltens, ist eine Grundvoraussetzung, daß gestörte Beziehungen wieder in tragfähige, sicherheitsvermittelnde Beziehungen umgewandelt werden können. Der kommunikative Zugang zum Kind ist die grundlegende Einstellung, die es möglich macht, die Angst und die damit zusammenhängenden Abwehrmechanismen zu erkennen und therapeutisch zu lösen. Das Gegengewicht gegen Angst ist das Vermitteln von Angstfreiheit und Sicherheit – dies ist zu diesem Zeitpunkt in der Familie selbst oft nicht mehr möglich.

Ein noch wichtigerer Faktor der stationären Therapie bei psychogenen Anfällen ist der Umgang mit oft *destruktiv gewordenen Aggressionen,* die erfahrungsgemäß oft zum Wendepunkt im therapeutischen Geschehen werden. Das Vorliegen aufgestauter aggressiver Gefühle, die sich dann in Form kaum mehr kontrollierbarer, aggressiv-destruktiver Ausbrüche manifestieren, macht einen therapeutischen Umgang damit innerhalb der Familie meist unmöglich. Es ist ein charakteristischer Verlauf bei unseren Patienten, daß mit Zunahme der aggressiven Entladungen die „Anfälle" in gleichem Maße abnehmen. Das Entladen aggressiver Impulse ist oft eine unumgängliche kritische Phase in der Therapie dieser Kinder, die erst ein langsames Lernen eines konstruktiven (problemlösenden) Umganges mit Aggressionen beim Kind und bei den Eltern möglich machen. Starke Angst, destruktive Reaktionen, die auch im Zeitalter hochpotenter Pharmaka nicht verschwunden sind, können nur durch eine stabile belastungsfähige, angstfreie Gemeinschaft aufgefangen werden. Es ist von der Einstellung und der inneren Struktur des Teams abhängig, ob sich diese Kinder anpassen oder eine Durcharbeitung dieser Probleme möglich wird. Werden die Konflikte nicht zugelassen, so kommt es zum Verlust jeder Spannung, „Syndrom der Pseudokonfliktlosigkeit", und es entsteht eine Atmosphäre affektiver Verarmung (wie in der Familie), und die Somatisierung ist weiterhin notwendig. Fast könnte es ein Selbstschutz einer therapeutischen Gemeinschaft sein, sich diesem Dilemma nicht auszusetzen, wären nicht die Austrocknung des emotionalen Lebens und die Verarmung des Denkens ein immenser Preis.

Im Hinblick auf die vorliegenden pubertären Loslösungsprobleme bei den Jugendlichen ist eine Trennung von den Eltern oft eine notwendige Voraussetzung, um eine Autonomieentwicklung anzubahnen. Die stationäre Psychotherapie kann somit auf verschiedenen Ebenen zur Induktion von Autonomie und Individuationsprozessen genützt werden. Die Bedeutung der stationären Psychotherapie und Gruppendynamik liegt auch darin, daß in einem außerfamiliären, therapeutisch-strukturierten Bereich eine reale Lernerfahrung, eine korrigierende emotionale Erfahrung sowie ein konkretes Erleben von Nähe und Distanz, z. B. auch durch Methoden der Körperwahrnehmung, der konzentrativen Bewegungstherapie, der Gestalttherapie möglich wird, die gerade für den psychosomatisch Kranken von enormer Bedeutung sind. Die Therapie psychosomatisch kranker Patienten hat letztlich immer die Aufgabe, das

Symptom, die „stumme Körperklage" in Sprache, in Beziehung umzusetzen. Daß dieses Modell in der Diagnostik und Therapie psychosomatischer Erkrankungen einen großen Fortschritt gebracht hat, zeigt sich für alle, die auf dieser Ebene arbeiten, an der Erfahrung, daß sich die Entwicklungen auf allen Prozeßebenen in einen gemeinsamen Kontext integrieren lassen und nicht länger mehr Abspaltungen, Verdrängungen oder Antihaltungen notwendig sind.

Es entsteht eine neue, komplexere Sicht von Krankheit, die fasziniert und neue kreative Entwicklungen ermöglicht. Die Richtigkeit dieses mehrdimensionalen Forschungsansatzes zeigt sich auch an der Effektivität unseres therapeutischen Handelns und vor allem in der positiven Selbsterfahrung des kranken Kindes, seiner Familie und des Therapeuten (Mangold 1984). Der therapeutische Prozeß ermöglicht einen für alle Beteiligten erlebbaren Wachstumsprozeß.

Zusammenfassung

Ziel dieser Arbeit ist es, aus einer ökosystemischen Sichtweise heraus auf verschiedenen Prozeßebenen – der somatischen, der individualpsychologischen, der familiendynamischen und sozialpsychologischen Ebene – einen diagnostischen und therapeutischen Zugang zum Phänomen nichtepileptischer Anfälle aufzuzeigen. Es wird auf der Basis klinischer und therapeutischer Erfahrungen dargestellt, daß sog. pseudoepileptische Anfälle als ein multidimensionales Phänomen miteinander in Wechselwirkung stehender physischer, psychischer und sozialer Aspekte gesehen werden kann und daß es unsere ärztliche Aufgabe sein sollte zu lernen, den relativen Beitrag biologischer, psychischer und sozialer Faktoren bei der Erkrankung unserer Patienten richtig einzuschätzen.

Literatur

Beck D (1985) Krankheit als Selbstheilung. Suhrkamp, Frankfurt 1126

Capra F (1983) Wendezeit – Bausteine für ein neues Weltbild. Scherz, München

Deissler H (1983) Rekursive Kontextualisierung natürlicher Prozesse. Familiendynamik 2: 139–165

Gottschalk L (1955) Psychological conflict and electroencephalic patterns. Neurol Psychiatr 73: 656–662

Heath R (1982) Psychosis and epilepsy: Similarities and differences in the anatomic-physiologic substrate. In: Temporal lobe epilepsy, mania and schizophrenia and the limbic system. Karger, Basel, pp 106–116

King DW et al. (1982) Pseudo-seizures: Diagnostic evaluation. Neurology 32: 18–23

Landolt H (1963) Über einige Korrelationen zwischen EEG und normalen und pathologischen psychischen Vorgängen. Schweiz Med Wochenschr 93: 107

Mangold B (1983) Psychosomatic aspects of indefinable fits in childhood and youth. Neurol Psychiatr 6: 54–61

Mangold B (1984) Psychosomatik nicht-epileptischer Anfälle. Springer, Berlin Heidelberg New York Tokyo (Päd & Päd, Suppl 7)

Rabe F (1970) Diagnostische Probleme bei der Unterscheidung von hysterischen und epileptischen Anfällen. Nervenarzt 71: 426

Tellenbach H (1965) Epilepsie als Anfallsleiden und als Psychose. Nervenarzt 5: 190–202

Weiner H (1977) Psychology and human disease. Elsevier, Amsterdam

Wieser HG (1983) Is the "interictal behaviour syndrome of temporal lobe epilepsy" really an "interictal" phenomen? Neurol Psychiatr 6: 70–78

Psychosoziale Aspekte der koronaren Herzkrankheit

M. Halhuber

Den psychosozialen Aspekten der koronaren Herzkrankheit ist erst in jüngster Zeit bezüglich ihrer
1. ätiologischen
2. psychophysiologischen
3. diagnostischen und therapeutischen und
4. gesundheitspolitischen

Bedeutung vermehrte interdisziplinär-wissenschaftliche Aufmerksamkeit gewidmet worden.

Aus den hier aufgezählten vier Bereichen sollen deshalb einige wichtige Forschungsergebnisse genannt und skizziert werden, um damit Thesen zu begründen, die bezüglich ihrer Konsequenzen in Praxis, Lehre und Forschung eine sicher noch kontroverse Diskussion stimulieren sollen.

Bezüglich der verhaltenswissenschaftlichen Grundlagenforschung sei auf die Schriftenreihe "Biobehavior bases of coronary heart disease" (Dembroski et al. 1983 u. 1985) verwiesen.

Tierexperimentelle Forschungsergebnisse

Es ist heute erwiesen, daß zur Entwicklung der morphologischen Prädisposition der koronaren Herzkrankheit, der Arteriosklerose, andauernde sozioemotionale Störungen direkt durch hormonale Einwirkungen auf die Intima der Koronarien, und zwar z.B. durch Kortison, Insulin, Testosteron, Wachstumshormon und Prolaktin als Hormone, die vom Hypothalamus und den Hirnanhangdrüsen abgesondert werden, beitragen (Siegrist et al. 1980). Daß andauernder sozioemotionaler Distreß, der durch Bedrohung des sozialen Status bei dominierenden männlichen Affen erzeugt wird, mit dem Fortschreiten von Intimaläsionen in den Koronarien begleitet ist, konnte durch die Pionierarbeit der Studiengruppe von Kaplan et al. (1982) nachgewiesen werden. Interessanterweise konnte ein klinisch relevantes Fortschreiten der Arteriosklerose durch soziale Stressoren besonders dann beobachtet werden, wenn sie mit einer diät-induzierten Hypercholesterinämie verbunden war. Diese Befunde weisen auf die entscheidende Interaktion zwischen somatischen und psychosozialen Risikofaktoren in der Pathogenese der koronaren Herzkrankheit hin. Die durchschnittliche Dickenzunahme der Intimaläsionen in den Koronarien bei dominanten im Vergleich zu submissiven Affen nach 22 Monaten Belastung durch sozialen Streß und Diät war 0,74 mm^2 (± 0,12) bei subdominanten Affen, welche eine dauernde oder wiederholte Bedrohung ihres sozialen Status erlebten, im Vergleich zu 0,32 mm^2 (± 0,13) bei dominanten Tieren ohne soziale Bedrohung und Frustration. Experimentell war diese Bedrohung des sozialen Status durch eine andauernde Herausforderung der natürlichen sozialen Hierarchie eingeleitet worden, indem die Affengruppe alle paar Wochen in ihrer Hierarchie neu organisiert wurde. Die dominanten Affen wurden regelmäßig mit stärkeren Tieren konfrontiert. Die Erfahrung der sozialen Herabsetzung (Degradation) bei vorher dominanten Affen wurde intensiviert durch die Gegenwart einer einzelnen Äffin, der überdies Östrogen gegeben worden war.

Neurohormonale Einflüsse auf das Herz-Kreislauf-System sind nicht nur auf die koronare Herzkrankheit beschränkt. Kardiotoxische Effekte einer kombinierten Wirkung der klassischen Streßhormone Katecholamin (Adrenalin und Noradrenalin) und Kortison sind schon durch die bahnbrechenden Arbeiten von Selye und Raab nachgewiesen worden. Störungen des Herzmuskelstoffwechsels sind möglicherweise eine kritische Vorbedingung für den plötzlichen Herztod, zusätzlich zur Minderdurchblutung der Koronarien. Baroldi et al. (1979) haben eine spezifische Form der selektiven Myokardnekrose entdeckt, die durch ein Übermaß von Katecholaminen induziert worden war. Diese Form einer sog. Myozytolyse war in 85% von etwa 200 autopsierten Patienten nach plötzlichem Herztod vorhanden.

Epidemiologische Forschungsergebnisse

Im folgenden sollen einige Ergebnisse epidemiologischer Studien zur Wirksamkeit psychosozialer Faktoren bei vorzeitiger koronarer Herzkrankheit erwähnt werden, welche mit den eben geschilderten Ergebnissen aus der Pathophysiologie übereinstimmen. Dabei sollen drei Schwerpunkte gebildet werden:

- die Rolle von Arbeitsbelastungen in Kombination mit langanhaltender Bedrohung des sozialen Status,
- die Rolle koronargefährdender Verhaltensmuster als eine kritische psychologische Risikodisposition im Wechselspiel mit diesen sozialen Bedingungen und
- die Rolle von subakuten negativen Lebensereignissen als Vorläufer der koronaren Herzkrankheit.

Die Rolle der Arbeitsüberlastung in Kombination mit andauernder Bedrohung des sozialen Status

Der belgische Epidemiologe Marcel Kornitzer fand eine 2mal so hohe Inzidenz von Herzinfarkten bei Angestellten einer Privatbank im Vergleich zu Angestellten in einer halböffentlichen Bank. Die traditionellen Risikofaktoren zu Beginn dieser Prospektivstudie waren nicht in der Lage, die exzessive Krankheitshäufigkeit und Sterblichkeit der ersten Gruppe zu erklären. Eine zusätzliche Befragung ergab aber eine deutlich höhere psychomentale Arbeitsbelastung und einen höheren Grad von beruflicher Instabilität mit Verringerung des Personals in der Privatbank (Kornitzer et al. 1975). Eine ähnliche Situation wurde 1977 vom Kennedy-Space-Center berichtet. Eine ungewöhnlich hohe Rate von plötzlichem Herztod ist in einer Gruppe von jungen hochspezialisierten Weltraumexperten beobachtet worden. Wiederum waren die traditionellen Risikofaktoren nicht geeignet, die exzessive Sterblichkeit zu erklären, und erst eine Befragung ergab eine extrem hohe Konkurrenzsituation am Arbeitsplatz, die durch die Tatsache bedingt war, daß nach jedem erfolgreichen Weltraumexperiment eine Kürzung von Budget und Personal um 15% durchgeführt wurde (Eliot et al. 1977).

Übrigens war auch aus der Framingham-Studie zu lernen, daß die Schlaganfallhäufigkeit nach 10 Jahren besonders hoch war bei Männern, die nach den Erhebungen nur eine geringe Möglichkeit hatten, ein befriedigendes Einkommen zu bekommen. Diese Befunde waren auch noch gültig, nachdem man Lebensalter, Blutdruck, Cholesterinspiegel und Zigarettenrauchen als Ursachen ausschließen konnte (Baker et al. 1984). In derselben Studie wurde eine Inzidenz neuer akuter Myokardinfarktereignisse erhoben, die 3mal so hoch war in einer Untergruppe von Männern, deren Frauen ein höheres Erziehungsniveau aufwiesen. Dies im Vergleich zur Majorität jener Männer, deren Lebenspartner ein gleichartiges oder niedriges Erziehungsniveau hatten.

Wenn man diese Ergebnisse zusammen betrachtet, dann zeigen sie doch, daß die Bedrohung des sozialen Status bei Männern im mittleren Lebensalter, besonders wenn sie zur entscheidenden sozialen Rolle von Arbeiter und Ehemann in Verbindung gebracht werden, einen entscheidenden Einfluß auf die kardiovaskuläre Pathologie haben.

Siegrist (1984) hat in einer groß angelegten retrospektiven Fallkontrollstudie an Patienten mit vorzeitigem ersten Herzinfarkt herausgefunden, daß unter diesen Patienten 2mal so viele Fälle eines erzwungenen beruflichen Abstiegs zu beobachten waren wie bei gesunden Kontrollgruppen. Es ist wichtig, dazu zu sagen, daß signifikant mehr Patienten (54% im Vergleich zu 38%) in ihrer Firma eine Verringerung der Arbeitsplätze in den letzten 5 Jahren erlebt haben und in diesem Zusammenhang eine höhere subjektive Arbeitsbelastung, vor allem einen erhöhten Zeitdruck erlebt haben. So sind z.B. 73% der Arbeiter in der erkrankten Gruppe, deren Beschäftigung unsicher war und die unter mehr Zeitdruck arbeiten mußten, im Vergleich zu 58% von Patienten mit einer stabilen beruflichen Situation.

Die Rolle koronargefährdender Verhaltensmuster als Bewältigungsstrategie in chronischen sozialen Risikosituationen

Aus der schon erwähnten Studie von Siegrist und der Marburger Gruppe hat sich auch ergeben, daß Persönlichkeiten, welche eine erhöhte berufliche Mobilität und Unsicherheit oder sozialen Abstieg erfahren, auch einen höheren Grad von koronargefährdenden Verhaltensmustern, wie sie Siegrist als „Kontrollambitioniertheit" (need for control) bezeichnet, aufweisen als Menschen mit einer stabilen beruflichen Situation. Dieser Trend ist statistisch signifikant innerhalb der erkrankten Gruppe, obwohl ein ähnliches Muster auch in der gesunden Kontrollgruppe existiert (Siegrist 1984). Die Herausforderung, die eine berufliche Erfüllung für den einzelnen bedeutet, kann also u.U. durch einen Teufelskreis von risikoreichen Haltungen und Verhaltensmustern beantwortet werden, welche einen dauernden emotionalen Distreß und damit im Gefolge wahrscheinliche Schädigungen am Herz-Kreislauf-System bewirken. Der Begriff des koronargefährdenden Verhaltensmusters als eines interaktionalen Konzepts, das zu spezifischen sozialen Kontexten Beziehungen hat, ist von einem der Väter dieses Konzepts, R. H. Rosenman, (1983) in einer neuerlichen Definition des Typ-A-Verhaltensmusters geklärt worden, eine Definition, welche sich gegenüber der früheren Auffassung des Typ-A-Verhaltensmusters als eines stabilen und einfachen Charaktermerkmals geändert hat. Das Typ-A-Verhalten wird heute als eine vielleicht für jeden unvermeidliche und sogar u. U. wünschenswerte Bewältigungsstrategie betrachtet, deren Gefährlichkeit nicht im Qualitativen, sondern im Quantitativen liegt.

Nicht das Typ-A-Verhalten an sich ist schlecht, sondern seine Dosierung, sein übertriebener Einsatz. Ich zitiere: „Das Typ-A-Verhaltensmuster ist eine Gesamtheit von Verhaltensweisen, die mit einer erhöhten adrenergen Reaktion auf die tägliche Umweltbelastung verbunden ist. Es beinhaltet Verhaltensdispositionen wie Ehrgeiz, Aggressivität, Ungeduld und Wettbewerbssinn, spezifische Verhalten wie Muskelanspannung, rasche Erregbarkeit (Alertness), rasche und emphatische Stimme, und so ist auch Stil und Takt der meisten Aktivitäten, dazu emotionale Reaktionen wie erhöhte Irritabilität und ein erhöhtes Potential für Feindseligkeit und Ärger ... (Rosenman 1983). Es handelt sich also um eine charakteristische Art der Reaktion auf Umgebungsstressoren. Typ-A-Individuen empfinden zu viele Dinge als eine Herausforderung zu einer besseren Kontrolle über ihre Umwelt (Rosenman 1983). Dem Arzt, der viel mit Koronarkranken zu tun hat, ist diese Weiterentwicklung der Philosophie koronargefährdender Verhaltensmuster als Bewältigungsstrategie in chronischen sozialen Risikosituationen durchaus sympathisch. Er vermag mit diesem Konzept im Alltag viel leichter umzugehen und kann seine Patienten eher davon überzeugen, daß Änderungen seiner koronargefährdenden Verhaltensmuster nicht eine völlige „Umstülpung“ seines Charakters bedeuten müssen, sondern nur eine Herabsetzung bisher übertriebener Verhaltensweisen gegenüber seinem „Streß“, etwa übersteigerter Verausgabungsbereitschaft und beruflicher Distanzierungsunfähigkeit.

Daß übrigens solche Verhaltensmuster heute therapeutisch zu beeinflussen und zu verändern sind, haben mehrere Langzeitstudien ergeben. Sowohl durch entspannende Methoden als auch medikamentös, nämlich durch β-Blocker, sind solche Verhaltensmuster zu ändern, und es sind auch die Erkrankungsziffern, ja sogar wahrscheinlich die Mortalität zu beeinflussen (Meier-Friedman 1984; Ray u. Rosenman 1984; Schmieder et al. 1983; Gill 1985).

Die Rolle von Lebensveränderungen als Vorläufer der koronaren Herzkrankheit

In einer Reihe von Studien wurde die Rolle der sog. negativen Lebensveränderungen (live-events) in der Voraussage neuer koronarer Ereignisse analysiert. Die Ergebnisse waren so lange enttäuschend, wie diese Lebensveränderungen als die einzigen Prädikatoren aufgefaßt worden sind. In Kombination und Interaktion mit chronischen sozialen Stressoren und psychologischer Risikodisposition, etwa durch ein koronargefährdendes Verhaltensmuster, nehmen solche Lebensveränderungen bei

Opfern vorzeitiger Myokardinfarkte erheblich zu. In der Marburg-Studie ist die Kombination von lebensverändernden Ereignissen, chronischer Arbeitsbelastung und koronargefährdendem Verhaltensmuster 4,3mal häufiger in der Infarktgruppe als in der Kontrollgruppe gefunden worden. Es ist von besonderem Interesse, daß „Verleugnung", gemessen durch eine Subskala des Minnesota-Multiphasic-Personality-Inventory, wesentlich häufiger unter jenen Myokardpatienten gefunden wurde, welche behaupten, daß in ihrem Leben vor dem Infarkt psychosoziale Stressoren nicht vorhanden waren als bei Patienten mit hohem Score von psychosozialen Stressoren (Siegrist et al. 1980). Natürlich ist nicht die reine Zahl von Lebensereignissen entscheidend. Das subjektive Erleben dieser Ereignisse im Hinblick auf ihre Kontrollierbarkeit und Voraussehbarkeit sowie der aktiven Bewältigungsformen ist wesentlich. Jene Lebensereignisse, welche den sozialen Status bedrohten und welche in Beziehung zur beruflichen Arbeit standen, waren in der Herzinfarktgruppe dieser Studie überrepräsentiert.

Ein als bedrohlich empfundenes Lebensereignis kann bei einem Typ-A-Individuum einen exzessiven emotionalen Distreß bewirken, der durch eine chronische Arbeitsüberlastung und Beeinträchtigung seiner Selbstachtung erschöpft ist, während dasselbe Ereignis bei einem Individuum harmlos sein kann, das in gutem seelischen Gleichgewicht ist, sich zu entspannen vermag und einen entsprechenden mitmenschlichen Rückhalt hat.

Es ist hier nicht der Platz, um viele repräsentative sozioepidemiologische Studien zu analysieren und zu spezifizieren. Es ging mir um Hinweise, daß das gegenwärtige Wissen in diesem Bereich nicht länger Attribute wie „Ideologie", „nicht meßbar" usw. durch die Ärzteschaft verdient. Es ist zu hoffen, daß dieses Wissen immer mehr in das medizinische Denken und die ärztliche Praxis Eingang findet.

Klinische Beobachtungen

Was bedeutet Streß als Risikofaktor *nach* einem Herzinfarkt? Die psychosoziale Situation des Patienten nach einem Herzinfarkt und seine Lebensqualität hängen in jedem Augenblick von seiner *Biographie* ab, nämlich von seinen koronargefährdenden Verhaltensweisen vor dem Infarktereignis in der *Vergangenheit,* zweitens von seiner aktuellen *gegenwärtigen* sozialen Situation in Beruf und Partnerschaft und schließlich drittens auch wesentlich von der subjektiven Sicht seiner eigenen *Zukunft.*

Jeder Rehabilitationskliniker, der sich in Gruppengesprächen und in der Einzelberatung des Patienten mit der Änderung seines Fehlverhaltens, d. h. des in der Vergangenheit für ihn gültigen Profils an traditionellen Risikofaktoren auseinandergesetzt hat, weiß, daß die Motivation zu einer Änderung des Lebensstils durch die Einsicht des Patienten in die größeren Zusammenhänge seiner psychosozialen Situation vor dem Infarktgeschehen erleichtert wird. Man muß den Patienten dort abholen wo er ist, d. h. er muß seinen „Lebensstreß", wie er ihn selbst erlebt, in der möglichst klaren Unterscheidung der objektiven Stressoren (z. B. der Statusbedrohung durch die Arbeitsplatzsituation) und deren subjektive Verarbeitung, die ja erst dadurch zum Streß wird, erkennen. Dann wird er auch die Ursachen seines Fehlverhaltens (z. B. Rauchen und zuviel essen und trinken als orale Tröstung im Streßerlebnis) verstehen und leichter die Konsequenzen zu ziehen vermögen.

Was die *gegenwärtige* soziale Situation des Infarktpatienten für seine Prognose qoad quantitatem et qualitatem vitae bedeutet, hat die inzwischen sehr bekannt gewordene Arbeit von Ruberman et al. (1984) erwiesen, nach welcher Patienten mit einem subjektiven Streßerlebnis 2½mal so häufig einen Reinfarkt hatten wie andere. Und wenn dazu noch eine soziale Isolierung gekommen ist, dann war die Häufigkeit der Reinfarkte 4½mal so groß. In der Studie von Ruberman et al. ist dann ein hohes Niveau von Lebensstreß angenommen und als bedeutungsvoll für die Prognose erkannt worden, wenn eine oder mehrere der folgenden 6 Aussagen richtig waren:

1. Patient ist im Ruhestand, würde aber vorziehen, zu arbeiten,
2. Patient hatte zur Zeit des Infarkts eine sehr untergeordnete Beschäftigung, z.B. als ungelernter Arbeiter,
3. Patient hat seine Arbeit nicht sehr geschätzt oder diese Frage nicht beantwortet,
4. Patient hat im vergangenen Jahr ein einschneidend belastendes Lebensereignis in seiner Familie erlebt (Unfall etc.),
5. Patient hat bei ihm Nahestehenden eine Scheidung erlebt, die ihn sehr betroffen hat,
6. Patient erlebte im vergangenen Jahr erhebliche finanzielle Schwierigkeiten.

Eine ausgeprägte soziale Isolation wurde dann angenommen, wenn zwei oder drei der folgenden Aussagen als richtig bejaht wurden.

Der Patient sprach weder im Krankenhaus noch bald nachher mit dem medizinischen Personal über irgendwelche Notwendigkeiten, etwas in seinem Leben zu ändern.

Zur Zeit des Infarktgeschehens hat der Patient weder einem Club oder Verein, noch einer Kirche oder Synagoge angehört. Zur Zeit des Infarktgeschehens hat der Patient kaum je Freunde oder Verwandte zu Hause besucht.

Sind diese drei Aussagen wirklich nur Indikatoren sozialer Isolation und fehlenden sozialen Rückhalts? Mir scheinen hier andere Faktoren mindestens gleichwertig wirksam zu sein, nämlich als Bewältigungsstrategie chronisch sozialer Risikosituationen, die Verleugnung bei der ersten Aussage und Typ-A-Verhaltensmuster bei der ersten bis dritten Aussage. Dieser Einwand und Hinweis auf die Interaktion verschiedener psychosozialer Faktoren mindert aber nicht die Bedeutung der Befunde dieser Arbeit für eine umfassende Therapie und Sekundärprävention bei Infarktkranken. Bemerkenswert erscheint mir, daß von derselben Forschergruppe schon in einer anderen Studie ein erhöhtes Risiko für plötzlichen Herztod bei jenen Männern vermutet werden mußte, die am meisten Kommunikationsschwierigkeiten hatten (Ruberman et al. 1984).

Andere Studien weisen in dieselbe Richtung. Berkman u. Syme (1979) wiesen im Rahmen der Alameda County-Studie prospektiv einen negativen Zusammenhang zwischen dem Ausmaß sozialer Einbindung und der Mortalität nach 9 Jahren nach, unabhängig vom initialen Gesundheitszustand. Das altersangepaßte relative Risiko lag für die sozial Isolierten 2,3mal höher bei den Männern und 2,8mal höher bei den Frauen, wenn man zum Vergleich jeweils die Gruppe der am besten Integrierten heranzog. Dieser Zusammenhang blieb auch bestehen, wenn gesundheitsbezogene Verhaltensweisen kontrolliert waren. Der Index „sozialer Rückhalt" sagte nicht nur die allgemeine Mortalität, sondern spezifischer die ischämischen Herzkrankheiten voraus. Ganz ähnliche Ergebnisse brachte der ebenfalls prospektive Tecumseh Health Survey (House et al. 1982).

Diese Studie ist für die Abschätzung des Gewichts psychosozialer Faktoren noch aussagekräftiger, da sie sehr genau die Entwicklung der traditionellen medizinischen Risikofaktoren dokumentiert. Auch in einer von der Marburger Arbeitsgruppe (Siegrist et al. 1980) durchgeführten Fallkontrollstudie an Patienten mit erstem Myokardinfarkt im Vergleich mit Herz-Kreislauf-Gesunden (380 Patienten, 190 gesunde Männer zwischen 25 und 55 Jahren, nach beruflichem Status gemacht), fand sich in der Infarktgruppe ein signifikant höherer Anteil an sozial wenig Eingebundenen als in der Kontrollegruppe. Die Bedeutung sozialer Unterstützung ist besonders bei jenen Personengruppen hoch zu veranschlagen, die aufgrund von Erziehung, Ausbildung und aktueller Situation nur relativ geringe Kompetenz entwickeln konnten. Neuere, methodisch anspruchsvolle Untersuchungen legen nahe, daß insbesondere Angehörige unterer Schichten angesichts starker Belastungssituationen im hohen Maß auf sozialen Rückhalt angewiesen sind, wenn die psychischen und physischen Kosten von Stressoren gering gehalten werden sollen.

In diesem Zusammenhang scheinen mir 2 Veröffentlichungen bedenkenswert, einerseits die sozialepidemiologische Studie „Leben mit dem Herzinfarkt“ (Badura et al. 1987) und andererseits eine mikrosoziologische Analyse: „Medizinische Beratung und Herzinfarktbewältigung“ (von Grote-Janz et al. 1987).

Badura et al. (1987) haben ihre katamnestischen Erhebungen an über 1000 Infarktpatienten zu folgenden 9 Thesen veranlaßt:

1. Die nur somatische Sicht des Genesungsprozesses schmälert den Rehabilitationserfolg.
2. Konservative medizinische Behandlung wirkt jatrogen schädigend.
3. Der somatische Zustand des Patienten hat keinen Einfluß auf die Rückkehr zur Arbeit.
4. Die Kostenvielfalt behindert den Rehabilitationserfolg.
5. Ambulante und stationäre Rehabilitation müssen stärker verzahnt und interdisziplinär ausgerichtet werden.
6. Das Selbsthilfepotential muß gestärkt werden.
7. Erzwungene Frühberentung und lange Krankschreibezeiten erschweren den Genesungsprozeß.
8. Rehabilitation darf nicht „vor den Werkstoren" halt machen.
9. Die Rehabilitation der Arbeiter verdient verstärkte Aufmerksamkeit.

Eine Forschungsgruppe aus dem Institut für Soziale Medizin der Freien Universität Berlin (Projektleiter: Prof. Dr. R. Bennecke, Dr. E. Weingarten) nämlich Claudia von Grote-Janz, Gerald Schneider und Anne Sprenger haben eine Studie zur Frage der Herzinfarktbewältigung im Akutkrankenhaus durchgeführt.

Als die wesentlichen Faktoren, die die Beratung des Patienten behindern, haben die Soziologen gefunden:

- die fehlende institutionelle Absicherung von Beratung,
- die beratungsfeindliche Struktur der Visite,
- abweisende ärztliche Kommunikationsstile,
- Beratungsgrenzen durch prognostische Unsicherheiten,
- Grenzen der Beratungskompetenz durch die ärztliche Aus- und Weiterbildung.

Die Autoren halten aber die Entwicklung eines Beratungskonzeptes für möglich, wenn der Patient befähigt wird, Fragen zu stellen und interdisziplinär angeleitet wird, sich selbst zu beobachten und seine Möglichkeiten vorsichtig auszutesten.

Zur Modifikation des Risikoverhaltens weisen die Autoren darauf hin, daß dieses nicht zu eng definiert werden dürfe, und daß spezifische emotionale Erlebnisweisen, die in ihren Anlässen nicht viel mit der äußeren Realität zu tun haben, vor allem riskant seien (Verleugnung und Übermotivation, übertriebene Kontrollbedürfnisse). Besondere Bedeutung messen die Autoren der familialen Bewältigung des Herzinfarktes zu.

Die Aussagen der beiden soziologischen Studien sind eine Herausforderung an uns Ärzte. Sind wir bereit und imstande, Schlußfolgerungen zu ziehen oder wenigstens zu diskutieren? Es geht darum, daß die sozio-psycho-somatischen Aspekte einen zentralen Stellenwert haben, der höher ist als bisher angenommen worden war.

Auch die Art und Weise, wie der Patient seine eigene *Zukunft* vorausnimmt, ist für unsere psychotherapeutische Aufgabe sehr wichtig. M. von Kerekjarto et al. (1983) haben 178 Frührentner nach Herzinfarkt in Hamburg über ihr Programm für die Zukunft befragt. 68,8% hatten kein Programm, 46,1% waren einfach hoffnungslos. Ich selber habe erst spät erkannt, wie wichtig es ist, in Gruppengesprächen mit Infarktpatienten und ihren Lebenspartnern diese subjektive Antizipation der Zukunft mit einzubeziehen.

Konsequenzen für Praxis, Lehre und Forschung

Konsequenzen für die Praxis

1. In der *Primärprävention* brauchen wir in allen Lebensaltern neue Formen einer umfassenden Gesundheitsbildung, welche auch Einfluß auf die Freizeitpädagogik nimmt und bis zur Sinnfrage vorstößt, vor allem aber auch in einer pluralistischen Gesellschaft bei allen individuellen Unterschieden mit möglichst wenig Manipulation einen positiven Lebensstil anstrebt, der Freude macht. Von den bisher wenig erfolgreichen Einzelmaßnahmen gegen isolierte Risikofaktoren müssen wir wegkommen. Ein solches „Streß-Management" im weitesten Sinne des Wortes kann auch durch Kuren erreicht werden, wenn die Kurorte und ihre Einrichtungen wirklich „Gesundheitsbildungs-Seminare" im besten Doppelsinn des Wortes anbieten.
2. In der *stationären Frührehabilitation* (Anschlußheilbehandlung = AHB) nach Herzinfarkt und Bypassoperation ist eine Reduzierung der Risikofaktoren und der Aufbau von Schutzfaktoren als umfassende Nachsorge und Sekundärprävention heute nur noch durch ein interdisziplinär therapeutisches Team zu erwarten, welches in AHB-Seminaren und Gesprächsgruppen von Patienten und Angehörigen das schon erwähnte „Streß-Management" und einen neuen Lebensstil unter alltagsnahen Bedingungen lehrt und einübt.
3. In der *ambulanten Spätrehabilitation* (d. h. in der Sprechstunde des Hausarztes und in den ambulanten Herzgruppen) kann und muß durch eine biographische Anamnese in der Einzelberatung durch den Hausarzt und im Gruppengespräch in und nach den Gruppenstunden das „Streßkonzept" so dargestellt werden, daß es nicht

als „Alibi für Resignation" mißbraucht werden kann. Wenn es zu solchen Mißverständnissen kommt, sind m. E. nicht primär die Patienten, sondern die Therapeuten die Ursache. Gerade die jetzt schon reichhaltigen Erfahrungen mit Arzt-Patienten-Seminaren der Deutschen Herzstiftung und anderen Institutionen belegen die Richtigkeit dieser Aussage. Im gleichen Sinne wirksam sind Einrichtungen, die ich mit dem Wort „therapeutischer Tourismus" umschreiben möchte. Einzelpersonen und ambulante Herzgruppen machen mit anderen Betroffenen gemeinsam Urlaub in Gegenden, in denen eine entsprechende sportkardiologische und rehabilitationsklinische Betreuung möglich ist, ohne daß die Umgebung für einen solchen ärztlich geschützten Urlaub nach Medizin „riecht". Das Lernen eines neuen, möglichst dem altgewohnten nahen Lebensstils durch Einüben scheint mir besonders in den Alpen und an der See ergiebig.

Konsequenzen für die Lehre

1. Schon in der Ausbildung kann der Arzt auf diese Praxis vorbereitet werden durch interdisziplinäre Gemeinschaftsvorlesungen, z. B. im Rahmen des ökologischen Kurses, gerade auch zur Problematik von „Streß als Risikofaktor".
2. Seminare mit interdisziplinärer Beteiligung über kardiologische Rehabilitation, über Gesprächsführung, Diätetik, Sportkardiologie, Funktionsdiagnostik und Streß-Management für Ärzte, Psychologen, Sozialarbeiter, Übungsleiter und Sporttherapeuten sowie Diätassistentinnen können genauso wie die Teilnahme an Balint-Gruppen das Konzept der Arbeit im therapeutischen Team entwickeln und fördern. Ausbildungskurse für Übungsleiter, ebenso wie für Ärzte, welche ambulante Herzgruppen betreuen sollen, leisten in dieser Hinsicht schon seit Jahren gute Arbeit.

Konsequenzen für die Forschung

1. Eine wirklich interdisziplinäre Planung und Durchführung von sozialepidemiologischen Studien, z. B. der deutschen Herz- und Kreislaufpräventionsstudie (was heute heißt: stärkere Mitwirkung der Ärzte!) ist hier ein aktueller Beitrag zur *Erstprävention,* indem durchführbar, d. h. praktikable Interventionen bei Risikoträgern erforscht und erprobt werden können.
2. In der *stationären Frührehabilitation* und Sekundärprävention bedarf es neuer Methoden der Evaluationsforschung, wie sie etwa Prof. Koch vom Institut für Rehabilitationspsychologie der Universität Freiburg i. Br. dargestellt hat, um das immer vordergründig herangezogene Kosten-Nutzen-Verhältnis zu klären.
3. Eine *interdisziplinäre,* also gemeinsame *Hypothesenbildung* und *-prüfung* durch Mediziner und klinische Psychologen, – ja sogar „klinische" Soziologen – erscheint mir nach dem derzeitigen Stand unseres Wissens dringlich.
4. Es müssen auch *adäquate Methoden* zur Beurteilung umfassender Interventionen *neu entwickelt* werden, nachdem kontrollierte und randomisierte Studien alter Art bei umfassenden Interventionen nicht mehr möglich sind. Das gilt besonders für die Beurteilung der Langzeitergebnisse der stationären und ambulanten Rehabili-

tation im Hinblick auf die quantitative und qualitative Lebenserwartung. Es geht eben nicht nur um die „harten Endpunkte" der *Lebensverlängerung*, sondern auch um die „weichen Endpunkte" der *Lebensqualität*. Diese muß aber in Zukunft immer besser der *Quantifizierung* methodisch zugänglich gemacht werden.

Literatur

Badura B, Kaufhold E, Lehmann H, Pfaff H, Schott T, Waltz M (1987) Leben mit dem Herzinfarkt. Springer, Berlin Heidelberg New York Tokyo

Baker ED, Wolf P, Feinleib M (1984) The relationship of psychosocial factors to the ten years incidence of cerebrovascular accident in the Framingham heart study. (Paper submitted)

Baroldi G, Falziu C, Mariani F (1979) Sudden coronary death. A postmorten study in 208 selectet cases to 97 "control" subjects. Am Heart J 98: 20–31

Berkman LF, Syme SL (1979) Social network, host resistance and mortality: A nine Year follow up study of Alameda County residents. Am J Epidemiol 109: 186–204

Dembroski TM, Schmidt TH, Blümchen G (eds) (1983, 1985) Biobehavior bases of coronary heart disease. Karger, Basel

Eliot R, Clayton F, Pieper G, Todd G (1977) Influence of environmental stress on pathogenesis of sudden cardiac death. Fed Proc 36: 1719–1724

Friedman M (1984) International Symposium: Cardiac rehabilitation secondary prevention 1.–3.11.1984. München

Gill J, Price V, Friedman M, Thoresen E, Powell L, Ulmer D, Brown B (1985) Reduction in type A behavior in healthy middle aged American military officers. Am Heart J 110: 503–514

Grote-Janz C von, Schneider G, Sprenger A (1987) Medizinische Beratung und Herzinfarktbewältigung. Institut für Soziale Medizin, Berlin

House J, Robbins C, Metzner H (1982) The association of social relationships and activities with mortality: Prospective evidence from the Tecumseh Health Study. Am J Epidemiol 116: 123–140

Kaplan J, Manuck S, Clarkson F, Lusso F, Taub D (1982) Social status, environment and atherosclerosis in cynomolgus monkeys. Arteriosclerosis 2: 359

Kerekjarto M von, Krasemann EO, Maas E (1983) Wie leben Frührentner nach Herzinfarkt? MMW 125: 722–726

Kornitzer M, Thilly C, Vanroux A, Balthazar F (1975) Incidence of ischaemic heart disease in two cohorts of Belgian clerks. Br J Soc Med 29: 91–97

Ray H, Rosenman RH (1984) Current and past history of typ A behavior pattern. Conference on biobehavioral factors in coronary heart disease. Karger, Basel

Rosenman RH (ed) (1983) Psychosomatic risk factors and coronary heart disease. Huber, Bern

Ruberman W, Weinblatt E, Goldberg JD, Chandhang BS (1984) Psychosocial influences on mortality after myocardial infarction. N Engl J Med 311: 552–559

Schmieder R, Gabriele F, Neus H, Rüddel H, Eiff AW von (1983) The influence of betablockers on cardiovascular reactivity an type A behavior pattern in hypertensives. Psychosom Med 45: 417–423

Siegrist J (1984) Threat to social status and cardiovascular risk. Psychother Psychosom 42: 90–96

Siegrist J, Dittmann K, Rittner K, Weber I (1980) Soziale Belastungen und Herzinfarkt. Enke, Stuttgart

Was macht Frauen krank? Soziopsychosomatische Gesichtspunkte gesellschaftlicher Rollenanforderungen

B. Wurm und U. Smrekar

Einleitung

Unsere Beschränkung in den folgenden Ausführungen auf Lebens- und Leidensbedingungen von Frauen ist bedingt durch unser subjektives Interesse und soll nicht bedeuten, daß wir annehmen, Männer seien unbedingt glücklicher und gesünder. Welche spezifischen Leidensformen aufgrund welcher sozialen Umstände gerade Männer entwickeln, gehört nicht zu unseren Thema. Dies, um eventuellen Mißverständnissen vorzubeugen!

In letzter Zeit häufen sich die Hinweise auf die besondere Betroffenheit von Frauen durch psychisches Leiden, insbesondere durch bestimmte Erscheinungsbilder, wie depressive und psychosomatische Symptome.

Diese Tatsache wird oft nur am Rande erwähnt, und es erfolgt keine genauere Analyse der Ursachen. Es werden kaum Versuche unternommen, psychisches Leiden von Frauen in direktem Zusammenhang mit den realen Lebensbedingungen von Frauen zu sehen. Dementsprechend sind auch die therapeutischen Maßnahmen, die fast ausschließlich aus der somatischen bzw. pharmakologischen Behandlung der Erkrankten bestehen und die spezifische Lebensgeschichte konsequent außer acht lassen.

Untersuchungen aus der Bundesrepublik Deutschland und den USA über Diagnosen in psychiatrischen Einrichtungen zeigen eindeutig die gehäufte Erscheinung depressiver und psychosomatischer Krankheitsbilder bei Frauen.

Allgemein zusammengefaßt lautet das Ergebnis einer deutschen Untersuchung der Psychosomatischen Klinik Gießen: „Frauen fühlen sich im Vergleich zu Männern häufiger in ihrer psychischen, aber auch in ihrer vegetativ-körperlichen Verfassung beeinträchtigt. Es ist im Grunde das gleiche Leiden, das sich einerseits unmittelbar im psychosozialen Bereich, andererseits in der körperlichen Dimension ausdrückt" (Richter 1973).

Hierbei werden besonders die folgenden fünf psychosomatisch interpretierbaren Beschwerdekomplexe von Frauen häufiger angegeben als von Männern: Kreislaufstörungen, Darmträgheit, Abgespanntheit, Nervosität, Schlaflosigkeit.

Wir gehen davon aus, daß Frauen eher Symptome im Leiden zeigen, wie z.B. Zurückgezogenheit, Unauffälligkeit, Minderwertigkeitsgefühl, mangelndes Selbstwertgefühl, Niedergeschlagenheit, Hoffnungslosigkeit und Perspektivelosigkeit – alles Symptome, die ein resignatives, passives Moment beinhalten –, und wir werden aufzeigen, daß diese Eigenschaften Bestandteil und Folge jeder „Frauen"-Sozialisation sind und daß von Frauen, wenn sie die ihnen gesellschaftlich zugedachte Funktion erfüllen sollen, keine anderen Verhaltens- und Gefühlsweisen erwartet werden.

Unserer Meinung nach besteht ein direkter Zusammenhang zwischen der realen lebensgeschichtlichen Entwicklung von Frauen und der Herausbildung psychischer Dispositionen, die die Grundlage für die Entstehung vielfältiger psychosomatischer und depressiver Symptome bilden.

Die Frau in der Medizingeschichte: Kurzer historischer Abriß

Die sog. „Schulmedizin" (technisch-naturwissenschaftliche Medizin), die in den westlichen Industrieländern seit den 80er Jahren des letzten Jahrhunderts einen enormen Aufschwung nahm, ist mit einem eingegrenzten organischen Krankheitsbegriff ausgestattet.

Krankheiten werden als in der Biologie der Frau begründet betrachtet und symptomorientiert behandelt.

Die Tradition, nach welcher Eierstöcke und Uterus den Ort jeglichen Übels darstellen, geht allerdings mindestens bis zu Hippokrates (460 v. Chr.) zurück.

Regina Schaps schreibt in der medizinhistorischen Arbeit „Hysterie und Weiblichkeit":

„Die durch die Gebärmutter hervorgerufene Erstickung wird im Corpus hippocraticum erstmals beschrieben und präzisiert. Sie wird dort als eine am häufigsten auftretende Frauenkrankheit dargestellt.
Als ihre vornehmliche Ursache wird die Veränderung des Uterus infolge eines Feuchtigkeitsmangels oder einer Verhaltung des Monatsflusses gesehen. Dabei ging Hippokrates davon aus, daß aufgrund geschlechtlicher Abstinenz, ebenso wie durch übermäßige Entleerung des Leibes, die Gebärmutter dazu veranlaßt wird, feuchtere Regionen aufzusuchen, um einer Austrocknung oder einem Gewichtsverlust zu entgehen.
Die Symptomatik dieses Krankheitsbildes – es handelt sich um die Hysterie – war, durch die Annahme einer unbegrenzten Beweglichkeit der Gebärmutter dementsprechend vielgestaltig.
Je nach Drängen der Gebärmutter auf Leber, Oberbauch oder Kopf variierten die Symptome. Neben Stimm- und Sprachverlust, Beklemmungs- und Angstzuständen konnten auch Erstickungsanfälle ausgelöst werden" (Schaps 1982, S 19ff.).

Amputationen der Eierstöcke und/oder Gebärmutter waren ab 1870 mit dem Aufblühen der Chirurgie als medizinischer Disziplin sehr häufig, und zwar bei „Erkrankungen" wie Verdrießlichkeit, Essen wie ein Scheunendrescher, Selbstbefriedigung, Sturheit usw. (vgl. Ehrenreich u. English 1976; Fischer-Homberger 1984; Shorter 1982). In dieser Tradition sind unserer Meinung nach teilweise gynäkologische Operationen auch heute noch zu verstehen.

Noch heute stützt die Schulmedizin – wie wir später genauer ausführen werden, z. B. bei der Behandlung der Dysmenorrhoe oder der Klimakteriumsstörungen – die Konstruktion der Frau als „Schwache" und der Natur besonders eng Verbundene: indem die Frau Gebärfähigkeit besitzt, „ist" sie Natur und schwach.

Auffällig in der Auseinandersetzung mit der Medizingeschichte der Frau ist der Einfluß der Klassenunterschiede auf die medizinische Betrachtungsweise:

Während die Frauen des aufkommenden Bürgertums von der Medizin als Schwache und Kranke konstruiert wurden, galten die Frauen der Unterschicht als krankmachend und ansteckend.

Um die Wende des 20. Jahrhunderts, mit der Entwicklung der Psychoanalyse, fanden neue Theorien zumindest teilweisen Einzug in medizinisches Denken.

Sigmund Freud, der im Rahmen seiner Theoriebildung zur Entwicklung des Über-Ichs den Kastrationskomplex beim Knaben und den Penisneid beim Mädchen postulierte, setzt mit seiner Theorie über die weibliche Natur in wichtigen Punkten die Tradition der patriarchalischen Sicht fort, indem er voraussetzt, daß sich die Frau als verstümmelter Mann empfindet. Diese Idee schließt einen Vergleich und eine Wertung ein. Der Mann bleibt Subjekt, auf das hin Frau definiert wird.

Es blieb also die Annahme aufrecht, daß die weibliche Persönlichkeit von Natur aus defekt sei, diesmal weil die Frau keinen Penis hat, und nicht, weil sie einen Uterus hat.

Auch im traditionellen psychoanalytischen Diskurs hängt also das Defekte, Nichtgesunde am weiblichen Körper.

In der weiteren Entwicklung versucht die psychosomatische Medizin – anknüpfend an Freuds Konversionstheorie, wonach ein seelischer Spanungszustand als körperliches Symptom auftreten kann – die eingegrenzte Sichtweise der Schulmedizin zu überwinden. Sie will Krankheiten als solche mit zugrundeliegenden oder begleitenden seelischen Konflikten begreifen und dementsprechend nicht nur auf den Körper, sondern auch auf die Seele heilend einwirken.

Gegenstand der Psychosomatik sind also psychische und soziale Einflüsse auf Entstehung, Verlauf und Endzustand von Krankheiten.

Relativ allgemein bleiben bei Durchsicht der Literatur die Äußerungen der psychosomatischen Medizin zum „sozialen“ Anteil bei den „psychosozialen“ Einflüssen. Mitscherlich (1967) formuliert psychosomatische Krankheiten als „Signalelement“ einer kranken Gesellschaft. Richter (1973) plädiert gegen Defizitmodelle von Frauenkrankheiten und stellt gerade bei Frauen eine höhere Sensibilität gegenüber psychosozialen Konflikten und Problemen fest.

„Frauwerdung“ in der Familie: Geschlechtsspezifische Sozialisation

Das Geschlechtsrollenlernen steht im Vordergrund als ein durch bestimmte Erziehungspraktiken, Verstärkung und Identifikation im familiären Sozialisationsprozeß sich ereignender Vorgang.

Der Begriff der sozialen Geschlechtsrolle beinhaltet all die Erwartungen, Normen, Anforderungen und Einschränkungen (körperlicher, geistiger und sozialer Art), die ein Individuum aufgrund seiner Zugehörigkeit zum männlichen oder weiblichen Geschlecht übernehmen soll.

Diese Rolle wird inhaltlich durch die jeweiligen sozioökonomischen Erfordernisse bestimmt, die zur Aufrechterhaltung einer bestehenden Gesellschaft notwendig sind.

Die gesellschaftlichen Erwartungen werden als Normen in der Regel zuerst innerhalb der Familie an die einzelnen Individuen vermittelt. Die Art der Identifikationsangebote in der Familie als Ausdruck der sozialen Realität und Erfahrungsmöglichkeiten ergeben die wesentlichen Bedingungen, die auf die primäre Struktur eines Individuums prallen (Triebbedürfnisse, biol. Geschl.) und damit dessen psychosoziale und geschlechtsspezifische Entwicklung im Sinne gesellschaftlicher Anforderungen entscheidend prägen.

Die Erziehung zur „Weiblichkeit" bzw. zur „Männlichkeit" beginnt bereits mit der Geburt. „Es ist ein Junge!" oder „Es ist ein Mädchen!" – dieser mehr oder weniger freudige Ausruf ist der Beginn eines Prozesses geschlechtsspezifischer Deformierung.

Das *Stillen* – die erste erfahrene Benachteiligung:
So wurde herausgefunden, daß männliche Babys länger und liebevoller gestillt werden als weibliche Säuglinge. Die durchschnittliche Stillzeit beträgt bei Buben 45 min, bei Mädchen 25 min, weil letztgenannten kein eigener Trinkrhythmus mit Pausen zugestanden wird. Im Schnitt werden Mädchen 3 Monate früher entwöhnt als Buben. Diese rigidere Haltung der Mütter den ersten lebenswichtigen und lustvollen körperlichen Bedürfnissen der Mädchen gegenüber bleibt nicht ohne Folgen: Autonomie und Bedürfnisbefriedigung werden so bereits ganz am Anfang beschränkt. Es scheint, daß die Mütter kleinen Mädchen bereits in diesem Alter beibringen wollen, sich zu mäßigen, nicht so gierig zu sein und lustvolles Körperempfinden auf ein Minimum einschränken (vgl. Scheu 1977, S. 54ff.).

Intime Zärtlichkeiten und Kontakt zur Mutter (Bezugsperson) bedeutet die erste Erfahrung von Liebe, Zuwendung und Bedürfnisbefriedigung. Diese Erfahrung ermöglicht dem Kind sowohl positive Besetzung des eigenen Selbst (Körper) sowie ein grundlegend positives und vertrauensvolles Verhalten zur Umwelt.

Die Versagungen jedoch, die den weiblichen Säugling hier bereits stärker treffen als den männlichen, können grundlegende Defizite schaffen, und in Form von Angst, als tiefsitzendes Minderwertigkeitsgefühl, als narzißtisches Defizit oder ganz allgemein als größere Anfälligkeit für alle psychischen Störungen, die mit den Versagungen der oralen Phase zusammenhängen, in der erwachsenen Frau weiterleben.

Neben dem Stillen ist in dieser ersten Zeit frühkindlicher Entwicklung vor allem die Art und Weise entscheidend, wie das Kind gepflegt, wie es auf den Arm genommen, wie es angesprochen wird, was es spielt, hört und wie es sich bewegen kann – Erfahrungen und Reize also, deren Bedeutung für die Entwicklung kognitiver und sozialer Fähigkeiten eine große Rolle spielen. Neugeborene Mädchen werden im Durchschnitt weniger aus dem Bett genommen, sie werden in ihrer Bewegungsfreiheit stärker eingeschränkt (z.B. durch Strampelsack oder Kleidung), sie schlafen länger, und sie werden insgesamt weniger akustisch, visuell, taktil und kinästhetisch stimuliert, weil die Mütter bei weiblichen Säuglingen überhaupt weniger zugegen sind.

Als eine Folge dieser mangelnden Anregung und eingeschränkten Bewegungsfreiheit gilt die Behinderung des Neugier- und später aktiven Erkundungsverhaltens der Umwelt gegenüber. Das heißt, Mädchen wirken und werden passiver – sie erwerben sehr früh eine Eigenschaft und Haltung, die ihnen später als „typisch weibliches Wesen" zugesprochen wird (vgl. Scheu 1977, S. 52ff.).

In bezug auf den nächsten wichtigen Einschnitt im Leben eines kleinen Kindes – die Sauberkeitserziehung – lassen sich, je nachdem, ob es sich um eine Tochter oder einen Sohn handelt, ebenso verschiedene Verhaltensweisen der Mütter beobachten.

Mütter behandeln in diesem Bereich kleine Jungen toleranter als kleine Mädchen. Jungen dürfen sich auch später im Spiel eher schmutzig machen und herumtoben, während von Mädchen von klein an erwartet wird, daß sie sauber und ordentlich sind.

So werden Mädchen früh und eindringlich auf ihren späteren Status als attraktive und liebenswerte „Frau" vorbereitet. Sie werden von Anfang an darauf trainiert, besonders sauber, still, hübsch und bescheiden zu sein. Der frühe Zwang zu Sauberkeit und Ordnung, dem Mädchen verstärkt unterliegen, kann darüber hinaus eine wesentliche Bedingung für die Entwicklung späterer Zwangshandlungen bei Frauen sein.

Übertriebene Ordnungsliebe und „Putzfimmel" bei vielen Hausfrauen können nur als zwanghaft bezeichnet werden, wenn sie auch gesellschaftlich dem Bild der perfekten Hausfrau durchaus entsprechen und somit als normal gelten.

Sexualerziehung: Verweigerung von Körperlust

Fatale Folgen für die autonome, gesunde und ich-starke Entwicklung eines Mädchens ergeben sich aus der diskriminierenden Behandlung ihrer Körperlichkeit und Sexualität in der Familie.

„Aus den verschiedenen Verhaltensweisen der Mutter dem Körper des Babys gegenüber (entweder Anerkennung oder Ablehnung) lernt es, seinen Körper als etwas Positives oder Negatives zu betrachten, ihn zu lieben oder zu hassen" (Belotti 1975, S. 34ff.). Sie faßt die unterschiedliche Behandlung der Geschlechtlichkeit von Jungen bzw. Mädchen in der Familie wie folgt zusammen: „Insgesamt kann man sagen, daß die Sexualität des Jungen bemerkt und akzeptiert wird ... aber die des Mädchens wird schweigend übergangen, sie existiert nicht; je später sie offensichtlich wird, desto besser" (Belotti 1975, 34ff.).

Diese Verleugnung, diese „Nicht-Existenz" weiblicher Genitalität scheint uns in ihren Auswirkungen noch verhängnisvoller zu sein als eine offen strafende und ablehnende Haltung der Eltern bezüglich frühkindlicher Sexualität, denn diese läßt das Kind zumindest nicht im unklaren über den Umstand der Ablehnung.

Die Leugnung und grundsätzliche Verwerfung, der die Sexualität des kleinen Mädchens meist sehr früh unterliegt, hat zur Folge, daß Mädchen von Anfang an gezwungen sind, ihre sexuellen Impulse abzuspalten, sie vor sich selbst zu leugnen oder sie gar nicht erst wahrzunehmen. Das heißt, die Möglichkeiten, eine befriedigende, starke, selbstbestimmte und gewollte Sexualität zu entwickeln und in die eigene Person zu integrieren, sind auf diese Weise für Mädchen sehr subtil aber um so wirkungsvoller blockiert worden.

Die große Verbreitung von Frigidität bei den erwachsenen Frauen ist nur eine der schwerwiegenden Folgen dieser frühkindlichen Erfahrung. Wie stark sich diese Behinderung, Einschränkung und Deformierung weiblicher Sexualität auch als einschneidende Behinderung einer autonomen und stabilen Ich-Entwicklung auswirkt, ist weniger bekannt und untersucht.

Ein seiner Sexualität und Körperlichkeit beraubtes Mädchen, dem – bedingt durch die oben angeführten Erfahrungen – grundsätzlich die Möglichkeiten fehlen, die eigenen – nicht nur körperlichen – Bedürfnisse auszudifferenzieren, zu entwickeln und aktiv durchzusetzen, wird schwerlich in der Lage sein, eine stabile und integrierte Ich-Identität zu entwickeln. Es wird passiv, abhängig, konformistisch und bedürftig werden, sich mit sich selbst uneins und minderwertig fühlen (vgl. Becker 1978).

Geschlechtsspezifisches Spielverhalten

Zu nennen sind hier bei Mädchen die Reduzierung von Bewegungsspielen und die Reduzierung des Neugierverhaltens.

Je lebhafter ein Kind sich bewegen kann und je mehr Anregung es von außen bekommt, desto mehr Gelegenheit hat es, sich mit seiner Umwelt aktiv auseinanderzusetzen, sie in seinem Sinne zu beeinflussen und sie sich gedanklich oder körperlich anzueignen. Mädchen werden im Gegensatz zu Burschen in ihren körperlichen Aktivitäten (Körperkraft, Schnelligkeit, Kampf, Gewandtheit) und in ihren geistigen Aktivitäten von klein an systematisch eingeengt.

Spielzeugangebote und Rollenspiele sind bei Mädchen personenzentrierte Vorbereitung auf Monotonie und Zweitrangigkeit. Neben der Reduzierung von Bewegungsspielen und deren Folgen bestimmt ein geschlechtsspezifisches Angebot an Spielmaterial und die Zuweisung typischer Rollen im Rollenspiel die zuerst noch spielerischen Auseinandersetzungen der Mädchen mit ihrer gesellschaftlichen Realität.

Die geschlechtsspezifische Konditionierung, die in den angebotenen Spielmaterialien und -möglichkeiten begründet liegt, bereitet auf zwei wesensmäßig verschiedene Bereiche vor: den passiv-hausfrau-mütterlichen für das Mädchen, den aktiv-sachlich-beruflichen für den Jungen. Hierbei ist der Bereich der Umwelt, den sich Mädchen aneignen dürfen, wesentlich enger gesteckt. Er beschränkt sich im wesentlichen auf das Haus – den inneren Raum, und dort auf reproduktive Tätigkeiten, anstatt auf konstruktive – sowie auf die Schönheitspflege. Frühzeitig wird so im Spiel die notwendige Familien- und Personenzentrierung gefördert, die eine Garantierung für die Übernahme der später geforderten gesellschaftlichen Rolle der Frau als Hausfrau und Mutter darstellt.

Mädchenspiele beinhalten also das Training sozialer Mutterqualifikationen und anderer gesellschaftlich untergeordneter Positionen der Frau. Dies drückt sich in der Art der Rollenspiele, die im Vorschulalter von größter Bedeutung sind, aus. Da das Rollenspiel seinem Ursprung und Inhalt nach sozial ist, erlangt es eine besondere Bedeutung für die Übernahme gesellschaftlicher Aufgaben und Arbeitsfunktionen erwachsener Frauen und Männer, die die Kinder hier zunächst noch spielerisch erlernen. Da die gesellschaftlichen Rollen von Mann und Frau nicht nur einfach andersartig sind, sondern die der Frau real minderwertig bzw. durch Unterordnung und Abhängigkeit in Relation zum Mann gekennzeichnet ist, muß das Mädchen im Rollenspiel (z.B. Arzt–Schwester, Pilot–Stewardeß, Vater–Mutter) lernen, ihre untergeordnete Stellung zu akzeptieren (vgl. Becker 1978).

Die Erziehung eines Mädchens hat in den meisten Fällen so gut funktioniert, daß Frauen glauben, sich ausschließlich durch Ehe und Mutterschaft verwirklichen zu können. Frauen, die durch Ehe und Mutterschaft enttäuscht, verbittert und krank geworden sind, fühlen sich zu allem Überfluß auch noch schuldig, als Ehefrau und Mutter versagt zu haben. Sie resignieren und begreifen nicht, daß sie bereits als kleine Mädchen zur Resignation, zum Stillhalten und Aufopfern erzogen wurden (Burgard 1977, S. 26).

Nach einer Untersuchung von Richter (1973) bestätigen Frauen, daß sie mit ihren Bedürfnissen zu kurz kommen. Sie können sich offenbar mit ihren Wünschen nur mangelhaft sozial entfalten – deshalb auf der weiblichen Seite das Übergewicht von

Gehemmtheitsgefühlen und Neigung zu gedrückter Stimmung. Im Mittel erleben sich Frauen ängstlicher, depressiver und erotisch gehemmter als Männer. Frauen fühlen sich unsicherer in Zusammenarbeit mit anderen, fürsorglicher, ordentlicher, weniger ehrgeizig und schwächer, haben also im wesentlichen all die „typisch weiblichen Eigenschaften" verinnerlicht, die sie mittels ihrer Sozialisation übernehmen sollten. Sie entsprechen somit weitestgehend dem weiblichen Rollenklischee, aber – *sie leiden darunter*. Sie leiden passiv, vereinzelt und sie wehren sich (noch) nicht dagegen, außer in der einzigen ihnen verbleibenden Form psychischer und psychosomatischer Krankheit und Verweigerung.

Alle weiteren geschlechtsspezifischen Erfahrungsmöglichkeiten und sozialen Bedingungen, auf die eine Frau in ihrem späteren Leben trifft, knüpfen an die dargestellten frühen Erfahrungen scheinbar reibungslos an – die dadurch bedingten psychosomatischen Störungen, unter denen Frauen verstärkt leiden, werden von diesen selbst, aber auch von den sie behandelnden Ärzten und Ärztinnen höchst selten auf die frauenspezifische Sozialisation und deren Folgen im realen Leben zurückgeführt.

Frauendasein: Weibliche Lebensformen in Österreich

Die Stellung der Frau ist in unserer Gesellschaft noch immer so charakterisiert, daß ihr die Reproduktionsarbeit in der Familie als oberste Pflicht und als Lebenssinn zugeschrieben wird. Die Reproduktionsarbeit wird über den Heiratsmarkt geregelt, sie wird nicht durch Geld entlohnt, sondern mit Naturalien und Illusionen. Für die vielfältigsten Dienstleistungen – vom Kochen bis zur Sexualität – erhält die Frau ihren Unterhalt als Gegenwert und das Versprechen der lebenslangen Versorgung. Letztere werden durch die wirtschaftliche Rezension und die steigenden Scheidungsraten immer brüchiger.

Der Alltag der erwachsenen österreichischen Frau ist von familiären Zusamenhängen bestimmt. Ihr Tagesablauf ist weitgehend von den Bedürfnissen und Fixpunkten der übrigen Familienmitglieder abhängig: von Arbeitsbeginn und Arbeitszeit des Mannes, den Schulzeiten der Kinder usw. Dies gilt nicht nur für Hausfrauen, auch die berufstätigen Frauen nehmen hinsichtlich der Wahl des Arbeitsplatzes und des Arbeitsausmaßes Rücksicht auf den Tagesrhythmus von Mann und Kindern bzw. müssen nehmen.

In Österreich führen 87% der erwachsenen Frauen einen eigenen Haushalt. Davon leben 20% alleine, 25% führen einen Zweipersonenhaushalt, die Mehrzahl, 54%, einen Drei- bzw. Mehrpersonenhaushalt. Fast jede 2. Frau lebt mit eigenem Kind im Haushalt. Die Erwerbsbeteiligung ist seit Beginn der 70er Jahre in nahezu allen Altersgruppen gestiegen. 1983 betrug sie 57,1%. Immer weniger Frauen geben der Kinder wegen den Beruf auf; so sind von den verheirateten Müttern 47,5% berufstätig, von den ledigen 80%. In der Altersgruppe der 25- bis 29jährigen Frauen sind nur mehr 35% nur Hausfrauen (1971 noch 41%). (Vgl. Frauenbericht des Bundeskanzleramtes 1985.)

Ob und in welchem Ausmaß Frauen berufstätig sind, hängt nicht nur von ihrem Familienstand und dem Einkommen des Ehemannes ab, sondern auch von ihrer

Ausbildung, die sich auf die Berufschancen auswirkt. So ist die Erwerbsquote der Akademikerinnen am höchsten.

Insgesamt haben sich Unterschiede in Bildung und Ausbildung zwischen den Geschlechtern in der jüngsten Zeit verringert. Bis vor kürzester Zeit war Frauen eine qualifizierte Bildung nicht ohne weiteres zugänglich bzw. wurde diese für sie nicht als notwendig erachtet. In den 10 Jahren zwischen 1971 und 1981 ist z. B. die Anzahl der Österreicherinnen, die keine über die Pflichtschule hinausgehende Ausbildung hat, von 73% auf 62% gesunken. Der Anteil der Frauen, die eine Lehre oder eine Mittlere Schule absolviert haben, ist von 22% auf 30% gestiegen.

Auch wenn sich die Ausbildungssituation verbessert hat, so sind doch die Frauen weiterhin im Dienstleistungssektor – der ja den in der Sozialisation erworbenen Fähigkeiten entspricht – am häufigsten vertreten. Immer noch gilt: Der Frauenanteil verringert sich mit zunehmender Qualifizierung.

Trotz des Gleichberechtigungsgesetzes verdienen Männer im Durchschnitt, bei gleicher Arbeit, um 30% mehr als Frauen. Hier kann der nach wie vor niedrige Ausbildungsstand der weiblichen Bevölkerung nur bedingt herangezogen werden; da sich dieser ja immer mehr angleicht, die Einkommensunterschiede sich aber z. B. gerade bei den Angestellten vergrößert haben.

So ist der Einkommensunterschied nicht zuletzt als Folge des geteilten Arbeitsmarktes – in typischen Frauenberufen ist das Lohnniveau bedeutend geringer als in männerdominierenden Berufssparten, sowie in einer Reihe versteckter Diskriminierungen (schlechtere Einstufung, Benachteiligung in der Weiterbildung, geringere Aufstiegschancen) – zu sehen.

Nach wie vor hält sich die Annahme, für Frauen würden Beruf und Einkommen eine geringere Bedeutung haben als für Männer. Die verheirateten Frauen leisten zusätzlich pro Woche ca. 28 h Haus- und Erziehungsarbeit. Dem Bericht über die Situation der Frau in Österreich (1985) ist zu entnehmen, daß es eines der Hauptprobleme der Frauen ist, Beruf und Familie zu vereinbaren. Dies nicht nur, weil sie sich für Haushalt und Kinder allein verantwortlich fühlen, sondern auch, weil sie von ihrem sozialen Umfeld dafür verantwortlich gemacht werden.

In der Praxis müssen sich Frauen für Beruf oder Familie entscheiden, oder aber für eine Doppel- und Dreifachbelastung.

Egal, wie eine Frau sich entscheidet: in der gegenwärtigen Situation bedeutet jede Entscheidung Verzicht. Entweder verzichtet sie zugunsten des Berufs auf Kinder, oder auf eigenes Geld, auf Unabhängigkeit und Kontakte. Will oder muß sie beides haben, Beruf und Familie, so verzichtet sie weitgehend auf Erholung und Freizeit sowie auf die Möglichkeit, persönliche Interessen zu pflegen.

Hier nun einige Aussagen, wie *Arbeitnehmerinnen* ihre berufliche Situation wahrnehmen:

- für mehr als 70% der Arbeiterinnen und Angestellten hat das Arbeitstempo in den letzten 5 Jahren stark bis sehr stark zugenommen,
- fast ⅔ aller Frauen haben manchmal das Gefühl, geforderte Leistungen nicht mehr erbringen zu können und alles hinwerfen zu wollen,
- nur 4% der Frauen haben keinerlei gesundheitliche Beschwerden,
- fast alle Arbeiterinnen (94%) und 81,7% der Angestellten sind der Meinung, daß ihre Kolleginnen gesundheitliche Störungen nicht beachten und verschweigen.

Als Gründe dafür werden angegeben:
- Angst um den Arbeitsplatz,
- ⅓ aller Frauen glaubt, daß es zu einer gesunden Arbeitsmoral gehört, die Zähne zusammenzubeißen,
- Angst vor Lohneinbußen.

Einen Betriebsarzt haben nur ⅓ der Frauen. Nur die Hälfte der Frauen kennt privat einen Arzt, der ihnen Verständnis für ihre gesundheitlichen Probleme entgegenbringt (vgl. Feigl 1985).

Die Situation der *Akademikerinnen* am Beispiel der Ärztinnen:

Obwohl Frauen zum Medizinstudium erst seit Anfang dieses Jahrhunderts zugelassen sind, hat ihr Anteil an den Studienanfängern heute schon die 50%-Marke überschritten (Österreich 1985/86: 54,5%!).

Im Verlauf ihrer Ausbildung jedoch klaffen die Zahlenrelationen der Geschlechter dann zunehmend auseinander, und von dieser imponierenden Anfangszahl bleibt schließlich nur noch wenig übrig. Der Frauenanteil der Ärzteschaft unterliegt einem ständigen Schrumpfungsprozeß: von der ursprünglichen Hälfte der Studierenden über ⅓ im Turnus, bis schließlich einem knappen Viertel unter den Berufstätigen.

Des weiteren bestehen große Unterschiede in den verschiedenen Fachgebieten: während der Anteil der Frauen in den operativen Fächern wie Chirurgie, Orthopädie und HNO unter 10% liegt, stellen Frauen in der physikalischen Medizin und in der Anästhesiologie etwa die Hälfte der Ärzte.

Auch die oberen Ränge der Hierarchie sind nach wie vor männerdominiert. Im Bereich der Lehrenden sitzen im Fakultätskollegium Medizin 8% Frauen, und der Anteil an weiblichen Lehrenden selbst beträgt nur 5%, fast ausschließlich aus dem unteren Hierarchiebereich. Von 158 ord. Professoren der Medizin in ganz Österreich sind nur 2 Frauen (= 1,3%) (B. Gerl, Dissertation in Arbeit, 1987).

Weit stärker als andere Berufe ist der Arztberuf auf den männlichen Lebenslauf zugeschnitten. Frauen sind hier konfrontiert mit einem konflikthaften Nebeneinander von zwei Orientierungsbildern: dem strukturellen Widerspruch zwischen ihrer Rolle als Frau (die familienbezogene Fähigkeiten erfordert, wie Einfühlungsvermögen, Zusammenarbeit, Emotionalität, Bezogenheit auf andere) und ihrer Berufsrolle, die eine Anpassung an „männliche" Leistungsformen erfordert (Durchsetzungsvermögen, Konkurrenz- und Konfliktfähigkeit, Distanzierung von sich selbst und emotionsfreie Rationalität).

Gesundheit von Ärztinnen

Die Belastungen dieses „Interrollenkonfliktes", die gesellschaftlichen Ungereimtheiten um die Rolle als Frau und als Ärztin bedeuten oft einen „lebensbedrohlichen Streß".
- Statistische Fakten zeigen eine höhere Krankheitsanfälligkeit von Ärztinnen als von Ärzten, speziell eine größere Häufigkeit psychiatrischer Probleme.
- Laut wiederholten Untersuchungen in der BRD und der Schweiz sterben Ärztinnen im Durchschnitt 10 Jahre früher als Ärzte (ein Sterbegipfel liegt bei 45–55

Jahren, das Sterbealter männlicher Ärzte liegt dagegen im Durchschnitt der Gesamtbevölkerung).

- Nach einer amerikanischen Untersuchung ist die Selbstmordrate von Ärztinnen 3- bis 4mal höher als der Durchschnitt der Gesamtbevölkerung.

Diese erschreckenden Daten betreffen v. a. Frauen, die neben ihrer Tätigkeit als Ärztin auch „Familienfrauen" und Mütter sind (vgl. Willi u. Heim 1986).

Die Funktion der Frau in der Familie: Die Arztfrau und das Familienleben von Ärzten

Diese Frauen sind meist mit einem Mann verheiratet, der ein hohes Sozialprestige und Einkommen hat, jedoch sind sie überdurchschnittlich hoch gefordert, ihre Ansprüche an den Mann, denen seiner Patienten/innen und des Berufs unterzuordnen. Sie müssen sich in ihrem persönlichen Leben wie auch in der Erziehung der Kinder weitgehend selbst zurechtfinden.

Auch in anderen Berufen sind Männer mit ihrer Karriere verheiratet, aber Frau wehrt sich leichter gegen ein Geschäft als gegen Kranke. Ein arbeitssüchtiger Arzt macht sich mit dem Hinweis, für Notleidende unentbehrlich zu sein, unangreifbar. Die Arztfrau hat Mühe, Argumente für ihre Ansprüche zu finden und reagiert auf ihre Auflehnung oft mit Schuld- und Schamgefühlen. Einige Frauen kompensieren ihre Frustration und Verzichtsleistungen, in dem sie sich mit der beruflichen Karriere des Mannes identifizieren, ihn idealisieren, ihre Wut und Ressentiments auf jene lenken, die ihrem Mann Schwierigkeiten machen oder an ihn Ansprüche stellen.

Ausgelaugt von einer Arbeit, die von ihm ein hohes Maß an Aufmerksamkeit, Zuwendung und Fürsorglichkeit fordert, möchte mancher Arzt sich zu Hause erholen und passiv umsorgen lassen. So bilden Arztfrauen die Infrastruktur und den Dienstleistungsbetrieb des Mannes. Bezüglich ihrer Wünsche werden sie oft jahrelang vertröstet und reagieren häufig mit Depressionen. Erschreckend ist die Häufigkeit der Medikamentensucht.

Meist ist es günstiger, wenn die Frauen ihre Identität nicht zu sehr von der ihres Mannes abhängig machen, sondern eigene Interessen und berufliche Aktivitäten in der Ehe aufrechtzuerhalten suchen. Es ist letztlich für die Beziehung günstiger, wenn auch der Mann sich nicht durch zu hohe Schuld (persönliche) verpflichtet fühlt. Ärzte sind auf die Erhaltung ihrer Ehe in hohem Maß angewiesen. In der Therapie zeigen sie sich oft weit abhängiger von ihrer Frau als umgekehrt. So ist die Suizidrate von geschiedenen Ärzten, wie eine amerikanische Studie zeigt, 11 mal höher als jene verheirateter (vgl. Willi u. Heim 1986).

Frau im Medizinsystem

Diagnose und Verschreibungsverhalten

In seiner Untersuchung des Diagnose- und Verschreibungsverhaltens der Ärzte beschreibt Sichrovski (1984) von der Seite des „Krankseins" her, was es bedeutet, heute in Deutschland eine Frau zu werden und eine Frau zu sein, und wie Ärzte diesen

Zustand „therapieren". Bis zum Alter von 12 Jahren besteht sowohl in der Anzahl der diagnostizierten Krankheiten als auch der verschriebenen Medikamente ein geringer Unterschied zwischen Knaben und Mädchen. Die Werte der Diagnosen und der Verschreibungen liegen bei den Knaben etwas höher als bei den Mädchen.

Wenn Kinder 12 Jahre alt werden, ändert sich das Bild schlagartig. Mit der Pubertät, dem Erreichen der Geschlechtsreife, der Entwicklung zur Frau und zum Mann wird ein Verhältnis zu Gesundheit und Krankheit – und damit zu Stärke und Schwäche – anerzogen und geprägt, welches sich in seiner geschlechtsspezifischen Auswirkung im Laufe des Lebens der Menschen nicht mehr ändert.

Bei den Diagnosen bedeutet dies ein Mehr um 37%, bei den Verordnungen um 46% gegenüber den Männern der gleichen Altersgruppe. Die Grundlage für die unterschiedliche Einstellung zur Krankheit/Gesundheit wird anscheinend bereits in dieser Altersperiode geschaffen. Der Trend setzt sich mit zunehmendem Alter fort. Generell werden den erwachsenen Frauen (ab 20) etwa doppelt so viele Medikamente verschrieben wie den Männern. Da die Anzahl der Diagnosen bei den Frauen nicht das Doppelte der Männer ausmacht, bedeutet dies wiederum, daß den Frauen pro Diagnose mehr Medikamente verschrieben werden als den Männern.

Eine ganz typische Systematik bei der Verteilung zwischen Frauen und Männern zeigen bereits in dieser Altersgruppe vor allem jene Krankheiten, die einen direkten psychischen Ursprung haben oder den psychosomatischen Krankheitsbildern zuzurechnen sind.

Bei Frauen werden um
26% mehr Neurosen
46% mehr Schlafstörungen
100% mehr Psychosen
100% mehr Migräne
300% mehr Verstopfungen
als bei Männern der gleichen Altersgruppe diagnostiziert.

Ähnliches ist bei der Medikamentenverschreibung zu beobachten.
Frauen bekommen um
17% mehr Tranquilizer und Neuroleptika
18% mehr Schmerzmittel
46% mehr Schlaf- und Beruhigungsmittel
51% mehr krampflösende Mittel
80% mehr Herz-Kreislauf-Mittel
als gleichaltrige Männer.

Alleine für die Indikation „Menstruationsstörungen" wird pro Jahr für die 12- bis 20jährigen Mädchen und Frauen etwa 550000mal ein Medikament verordnet (14% der Frauen dieser Altersgruppe). Wie oft der Arzt bei dieser Diagnose auch von „nichthormonellen" Ursachen ausgeht, zeigt, daß 10% dieser 550000 Verordnungen auf Schmerzmittel und Psychopharmaka fallen.

Beginnend mit dem 40. Lebensjahr steigt nicht nur die Summe aller Diagnosen im Vergleich zu früheren Lebensabschnitten der Frauen, sondern es vergrößert sich auch der Abstand zur Anzahl der Diagnosen bei Männern. Das bedingt, daß auch sinnlose oder gesundheitsschädliche Medikamente Frauen in weitaus größeren Mengen verordnet bekommen.

Typisch ist das Verschreibungsverhalten der Ärzte vor allem bei jenen Diagnosen, die sich ausschließlich auf „weibliche Krankheiten" beziehen. Bei der Diagnose „klimakterische Beschwerden" (3,7 Mio. Diagnosen pro Jahr) werden zahlreiche Medikamente verschrieben, die die psychische Situation der Frau „therapieren" sollen und weniger mit dem Hormonverlust während dieser Periode zu tun haben.

11% aller Arzneimittel sind bei dieser Diagnose Psychopharmaka. Addiert man zur Anzahl der reinen Psychopharmaka noch die Kombinationsprodukte, die neben anderen Inhaltsstoffen auch Tranquilizer, Neuroleptika oder Schlafmittel enthalten, so bedeutet dies, daß etwa ein Viertel bis ein Drittel aller Frauen, die mit Klimakteriumsbeschwerden zum Arzt kommen, mit psychisch wirkenden Substanzen behandelt werden, die ein hohes Suchtpotential haben.

Das sog. Frauensyndrom

Die Frage, wer ist kränker – Männer oder Frauen – gehört seit Aristoteles und Hippokrates zu den „Bestsellern" von Diskussionen zum Thema „Gesundheit und Krankheit".

Zu den Fakten:
- Frauen leben länger als Männer,
- Frauen gehen öfter zum Arzt,
- Frauen werden mehr Medikamente verschrieben,
- Frauen und Männer haben unterschiedliche Krankheiten.

Während der Begriff „Gesundheit" in seiner Definition alle Dimensionen des menschlichen Seins umfaßt (WHO-Definition), wird „Krankheit" im gängigen medizinischen Modell als ein Prozeß somatischer Abweichung von der physiologischen Norm, der mit biologischen Methoden meßbar ist, betrachtet. Das heißt, der Krankheitsprozeß ist mit der Bestimmung derjenigen somatischen Variablen, deren Funktion als regelwidrig erkannt wird, vollständig erklärt. Ein solches Modell schließt eine Berücksichtigung sozioökonomischer und psychosozialer Faktoren bei einem Erkrankungs- und Gesundungsprozeß von vorneherein aus.

Dieses Modell ist zum Volksmodell geworden. Die Patienten sind so erzogen, daß sie zu allererst eine auf Körperprozesse bezogene Diagnose erwarten.

Frauen und Männer haben sich unterschiedlich an dieses Modell angepaßt. Kurz zu den Männern: Sie neigen stärker dazu, Leiden in Körperprozesse umzuformen, die sie dann als Krankheitszeichen dem Arzt präsentieren. Jedoch müssen diese einen gewissen Schweregrad erreichen, bevor sie dort erscheinen. Die höhere Krankheitsbelastung und die häufigere Konsultation eines(r) Arztes/Ärztin von Frauen, die in der Morbiditätsstatistik ihren Niederschlag findet, kann, wie die Mortalitätsstatistik zeigt, nicht als Beweis dienen, daß Frauen krank und Männer gesund sind. Denn es sind die Männer, die mit einem viel höheren Risiko belastet sind, an den Folgen ihres Gesundheitsverständnisses und ihres Lebensstils zu sterben.

Bei Frauen finden sich nun Krankheiten, für die sehr oft keine somatischen Korrelate festgestellt werden können. Es handelt sich um Symptome, die als Störung des

Wohlbefindens verstanden werden. Als „Leiden der Frauen“ werden funktionelle Störungen wie Hypotonie, Durchblutungsstörungen, Obstipation, Schlafstörungen, Gleichgewichtsstörungen, Herzjagen, Herzstolpern usw. bezeichnet. An diesen Befindlichkeitsstörungen leiden eindeutig mehr Frauen als Männer. Zusätzlich treten bei Frauen vermehrt psychische Beschwerden wie Angstzustände und Depressionen auf.

Alle obengenannten Symptome gelten in unserer Gesellschaft als unmännlich. Das Klagen über die Befindlichkeit wird Frauen zugestanden, aber im landläufigen Sinn bewährt man sich in Ehre nur, „wenn man es einfach aushält“, „es lächelnd erträgt“, „die Zähne zusammenbeißt“, „es mit sich selbst abmacht“. Die Ethik der Gesundheit ist männlich. Besonders deutlich wird dies beim Begriff der psychischen Gesundheit. Die Untersuchung von Broverman et al. (1970), die mehrfach repliziert wurde, zeigt, daß der Begriff der „psychischen“ Gesundheit dem männlichen Rollenstereotyp entspricht. Der/die gesunde Erwachsene ist aktiv, aggressiv, dominierend, stark und furchtlos, ehrgeizig und zielstrebig und vor allem rational statt emotional. Aber Frau ist sie nicht, denn das weibliche Rollenstereotyp in der westlichen Gesellschaft lautet, wie bereits gesagt wurde: passiv, angepaßt, leicht beeinflußbar, ängstlich und schwach, ohne Ehrgeiz usw., vor allem aber emotional und nicht rational (vgl. Haugg u. Hauser 1986; Schneider 1981).

Alle obengenannten Symptome können als Störungen des Wohlbefindens verstanden werden. Sie stellen diffuse, noch nicht systematisierte Krankheitszustände dar, die im Vorfeld manifester psychischer, körperlicher oder besser psychosomatischer Krankheiten liegen. Sie können als Resultat einer sozialen, psychischen oder organischen Benachteiligung verstanden werden. Wir beschränken uns hier auf die Darstellung der sozialen Ebene, der sicher eine vorrangige Bedeutung zukommt und die häufig nicht berücksichtigt wird.

Unter diesem Aspekt sind die Befindlichkeitsstörungen unbewußte und individuelle „Lösungsstrategien“ psychosozialer Belastungs- und Konfliktsituationen. Und sie entsprechen durchaus der den Frauen zugedachten Rollenfunktion der Inaktiven und Hilflosen. Krankheit als Konfliktlösungs- oder Protestverhalten hilft Frauen auf sozial akzeptierte Weise Bestrebungen nach Selbstständigkeit abzuwehren. Solche Momente der Passivität, der Resignation und des Leidens sind aber auch mit indirekter Machtausübung verbunden. Eine kranke Frau und Mutter kann legitim die Hilfe anderer in Anspruch nehmen und sie an sich binden. Sie kann auch ihre Familienmitglieder indirekt unterdrücken und manipulieren, ohne selbst offen sein zu müssen und das eigene Selbstwertgefühl durch die soziale Ablehnung bei offener Aggression oder durch die Konfrontation mit eigenen Wünschen und Forderungen zu gefährden. So haben Befindlichkeitsstörungen auch Krankheitsgewinn.

Viel häufiger ist es aber so, daß den daran erkrankten Frauen die Krankenrolle verweigert wird. Fest steht auch, daß gerade die Rolle der Hausfrau sich kaum mit Krank-sein verträgt.

Ärzte/Ärztinnen behandeln diese Frauen oft so, als wären sie an ihrer Willensschwäche krank geworden.

Gerade beim Auftreten von Befindlichkeitsstörungen wäre es wichtig, die lebensgeschichtlichen Hintergründe, die spezielle Lebenssituation und auch die sozialen Dimensionen des Krankheitsverhaltens – also auch des Krankheitsgewinns – miteinzubeziehen. Andernfalls hilft das Medizinsystem nur „krankes“ Verhalten aufrechtzuerhalten und womöglich den Weg zu einer manifesten Erkrankung oder Sucht zu ebnen. Die Verschreibung von Psychopharmaka ist keine Lösung.

Krankheit ist eine individualistische und selbstzerstörerische Form abweichenden Verhaltens. Auch wenn von feministischer Seite her das Krankheitsverhalten als Widerstand und Protest gedeutet wird, bleibt dies so: die Frauen erscheinen so zwar als Handelnde, doch sie leiden still und isoliert. Das Widerstandspotential wird vom Gesundheitssystem gesteuert und unwirksam gemacht. Auch die Interpretation von H. Pross, daß das Frauensyndrom als Rache und als Aggression gegen die Familie zu sehen ist, führt nicht weiter. Solche Thesen verhindern, daß man sich mit den frühen und sensiblen Reaktionen auf soziale und psychische Konflikte im Sinne der Prävention auseinandersetzt. Ziel ist es nicht, daß Frauen „die Zähne zusammenbeißen". Die virulenten Vorurteile gegenüber der Wehleidigkeit und Zimperlichkeit der Frauen sind abzubauen, damit die ihrem Leiden zugrundeliegenden Lebensbedingungen überhaupt ins Blickfeld rücken können.

Literatur

Argumente Sonderband AS/30 (1986) Der Widerspenstigen Lähmung. Berlin

Becker B (1978) Die Analyse der gesellschaftlichen Situation der Frau im Hinblick auf die Entwicklung von Dispositionen zu depressiven und psychosomatischen Erkrankungen. Unveröffentlichte Diplomarbeit an d. PH Westfalen-Lippe, Bielefeld

Belotti EG (1975) Was geschieht mit kleinen Mädchen? Frauenoffensive, München

Brovermann JK et al. (1970) Sex-role-stereotypes and clinical judgements of mental health. Consult Clin Psychol 34

Burgard R (1977) Wie Frauen „verrückt" gemacht werden. Frauenselbstverlag, Berlin

Feigl S (1985) Staatsekretariat für Allgemeine Frauenfragen im Bundeskanzleramt: Frauen in Österreich 1975–1985. Wien

Fischer-Homberger E (1984) Krankheit Frau. Luchterhand, Neuwied

Gerl B (1987) Zur Situation der Ärztinnen in Österreich. (Arbeitstitel, Dissertation in Arbeit)

Mitscherlich A (1967) Krankheit als Konflikt, Bd 1 und 2. Suhrkamp, Frankfurt/M.

Richter HE (1983) Konflikt und Krankheit der Frau. In: Claessen D et al. (Hrsg) Familiensoziologie, Frankfurt/M.

Schaps R (1982) Hysterie und Wirklichkeit. Campus, Frankfurt/M.

Scheu U (1977) Wir werden nicht als Mädchen geboren, wir werden dazu gemacht. Fischer, Frankfurt/M.

Schneider U (1981) Was macht Frauen krank? Campus, Frankfurt/M.

Shorter E (1982) Der weibliche Körper als Schicksal. New York

Sichrovsky P (1984) Krankheit auf Rezept. Köln

Sullerot E, Thibault O (1979) Die Wirklichkeit der Frau. München

Willi J, Heim E (1986) Psychosoziale Medizin, Gesundheit und Krankheit in bio-psycho-sozialer Sicht, Bd 1 und 2. Springer, Berlin Heidelberg New York Tokyo

Nachwort

W. Wesiack

Als Abschluß der Ringvorlesung fand ein Round-table-Gespräch der Vortragenden und eine Diskussion mit den Hörern statt. Die Diskussion wurde von einem Arzt eröffnet, der eine depressive Patientin behandelt und dabei festgestellt hatte, daß diese Patientin zunächst wegen einer neurotischen Störung ihres Kindes in einer Familientherapie war, dann in einer psychotherapeutischen Ambulanz und zuletzt wegen Suizidgefährdung in der psychiatrischen Klinik behandelt wurde. Er beklagte, daß die verschiedenen Ärzte und Institutionen jeweils einen anderen Aspekt der Patientin in den Mittelpunkt ihrer Betrachtung gerückt, diesen bearbeitet, ihr aber doch nicht entscheidend helfen konnten.

Am Beispiel dieser Krankengeschichte wurde dreierlei sehr deutlich herausgearbeitet, das typisch für die gegenwärtige Situation der Krankenversorgung zu sein scheint:

1. Jeder behandelnde Arzt ging von einem anderen theoretischen Bezugssystem aus, sah und beschrieb ausschnitthaft einen Aspekt der Patientin und versuchte diesen therapeutisch zu verändern. Es wurde deutlich, daß die Medizin heute nicht mehr über eine allgemeine, von Ärzten akzeptierte theoretische Grundlage verfügt. Die klassische biologisch-naturwissenschaftliche Betrachtungsweise läßt sich z. Z. mit den verschiedenen psychologischen und psychosozialen Theorien und Behandlungsmethoden noch nicht zu einer Theorie und Praxis der gesamten Heilkunde vereinen. Hier wurde auf die Leistung Thure von Uexkülls hingewiesen, der diese noch ausstehende Aufgabe durch den Entwurf seines Situationskreiskonzeptes zu lösen versucht hat. Es muß abgewartet werden, inwieweit dieser Lösungsversuch von der medizinischen Öffentlichkeit akzeptiert wird und sich in der Praxis bewähren kann.
2. Keiner der behandelnden Ärzte und keine der behandelnden Institutionen konnte infolge bestehender, sehr restriktiver Rahmenbedingungen die Patientin so intensiv behandeln, wie sie es für nötig gehalten haben.
3. Eine Kommunikation zwischen den behandelnden Insititutionen und Ärzten bestand nicht bzw. war, wenn vorhanden, äußerst mangelhaft. Hier wurde ein weiteres Defizit der gegenwärtigen Krankenversorgung sichtbar. Legt man systemtheoretische Überlegungen dem ärztlichen Handeln zugrunde – und psychosomatische Medizin ist ohne diesen Ansatz kaum denkbar – dann stellt auch das Krankenversorgungssystem ein „System“ dar, das, wie alle Systeme, nur funktionsfähig ist, wenn die einzelnen Glieder dieses Systems miteinander kommunikativ verbunden sind.

Nachdem durch den bisherigen Verlauf der Diskussion die Mängel der derzeitigen Krankenversorgung sehr deutlich in das Gesichtsfeld gerückt worden waren, wurde ein weiterer eminent wichtiger Fragenkomplex aufgegriffen: Ist es angesichts der Tatsache, daß z. Z. viele verschiedene psychotherapeutische Methoden und Schulen bestehen, denkbar, zu einer akademisch lehrbaren Psychotherapie zu kommen, die die bewährten psychotherapeutischen Essentials enthält aber der jeweilig schulisch-ideologischen Ummäntelung entkleidet ist? Auf dieses Ziel konnte man sich allgemein einigen, war sich jedoch klar darüber, daß der Weg zu diesem Ziel noch ein langer und beschwerlicher sein wird. Diese Vorlesungsreihe, an der Vertreter verschiedener Richtungen mit dem Bestreben mitgewirkt haben, einander besser kennen und verstehen zu lernen, schien uns ein, wenn auch noch kleiner Schritt in diese Richtung zu sein.

GPSR Compliance

The European Union's (EU) General Product Safety Regulation (GPSR) is a set of rules that requires consumer products to be safe and our obligations to ensure this.

If you have any concerns about our products, you can contact us on ProductSafety@springernature.com

In case Publisher is established outside the EU, the EU authorized representative is:

Springer Nature Customer Service Center GmbH
Europaplatz 3
69115 Heidelberg, Germany

Batch number: 10844827

Printed by Printforce, the Netherlands